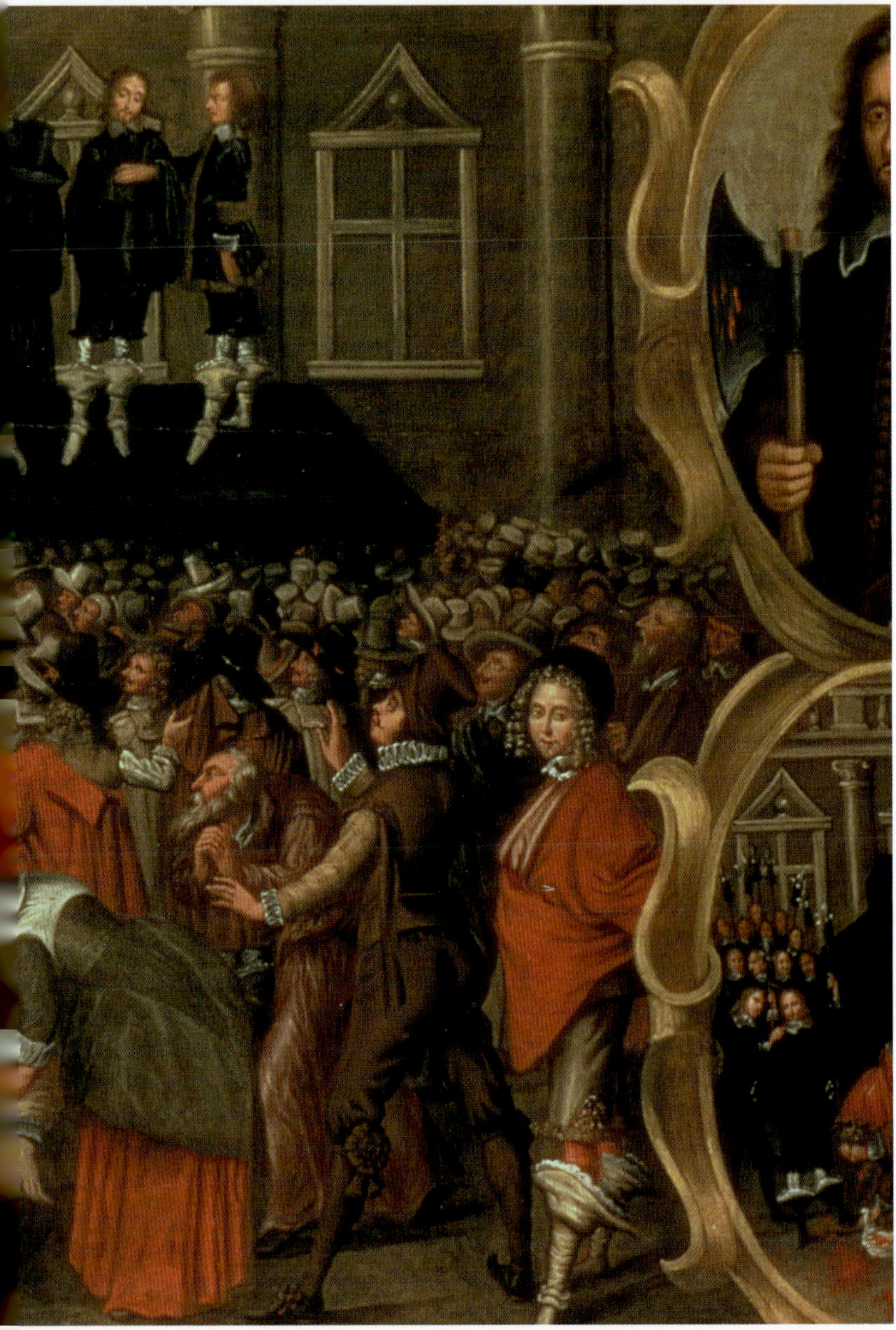

前ページ：**オリヴァ＝クロムウェル**　ロバート＝ウォーカー筆。ナショナルポートレートギャラリー（ロンドン）。アフロ提供

上：**チャールズ１世の処刑**　専制政治を行ったが，ピューリタン革命を招いて1649年に処刑された。アフロ提供

クロムウェルの故郷・ハンティンドン　市の中心にクロムウェルの受洗したオール－セインツ－チャーチ（上）と彼が通ったフリー－スクール（下）が向かい合って建っている。後者はクロムウェル博物館となっている。いずれもアフロ提供

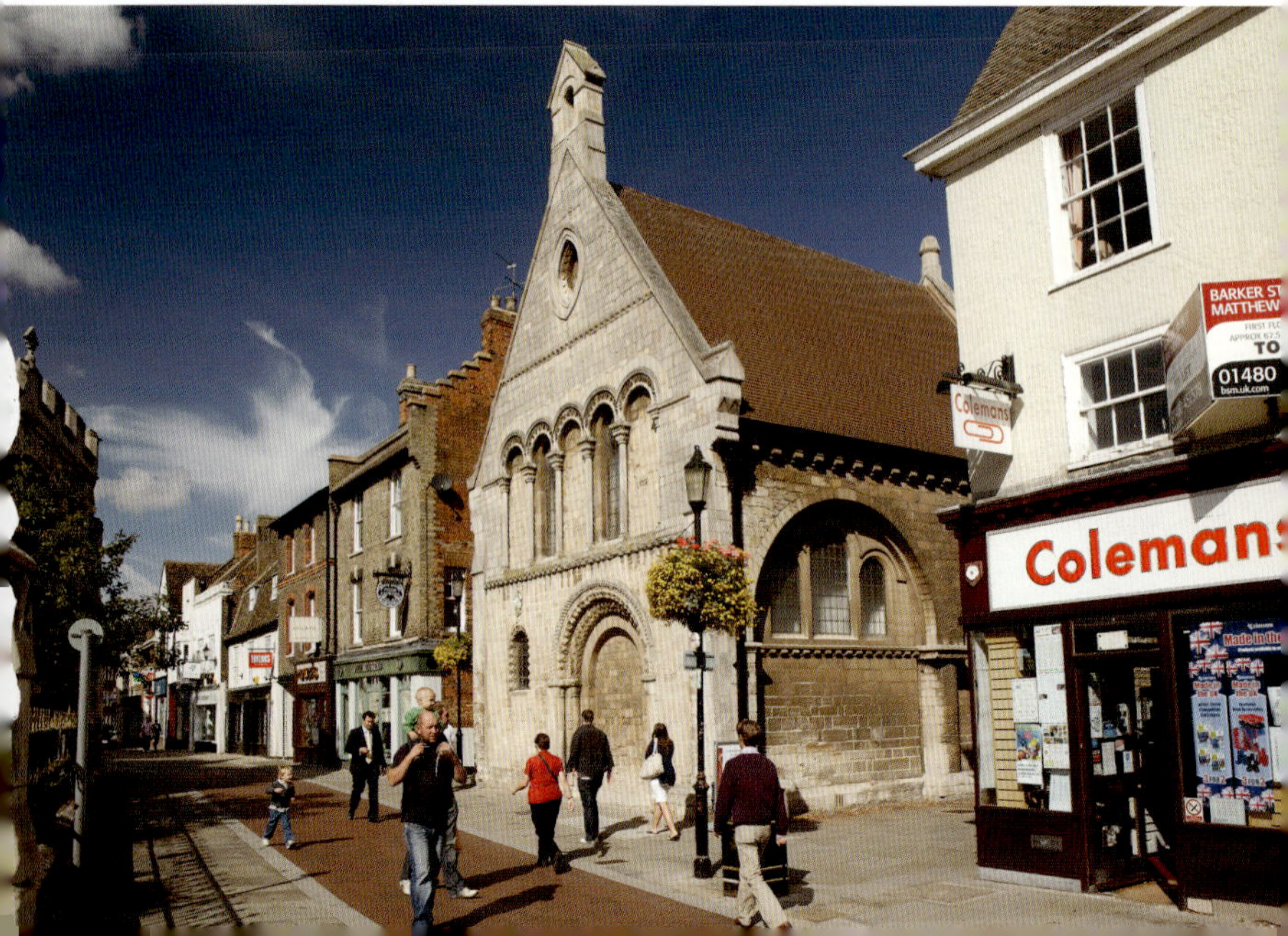

新・人と歴史　拡大版　22

クロムウェルとピューリタン革命

今井宏　著

SHIMIZUSHOIN

本書は「人と歴史」シリーズ（編集委員　小葉田淳、沼田次郎、井上智勇、堀米庸三、田村実造、護雅夫）の『クロムウェル』として一九七二年に、「清水新書」の『クロムウェルとピューリタン革命』として一九八四年に刊行したものに表記や仮名遣い等一部を改めて復刊したものです。

目次

V　ロード・プロテクター——独裁者クロムウェル

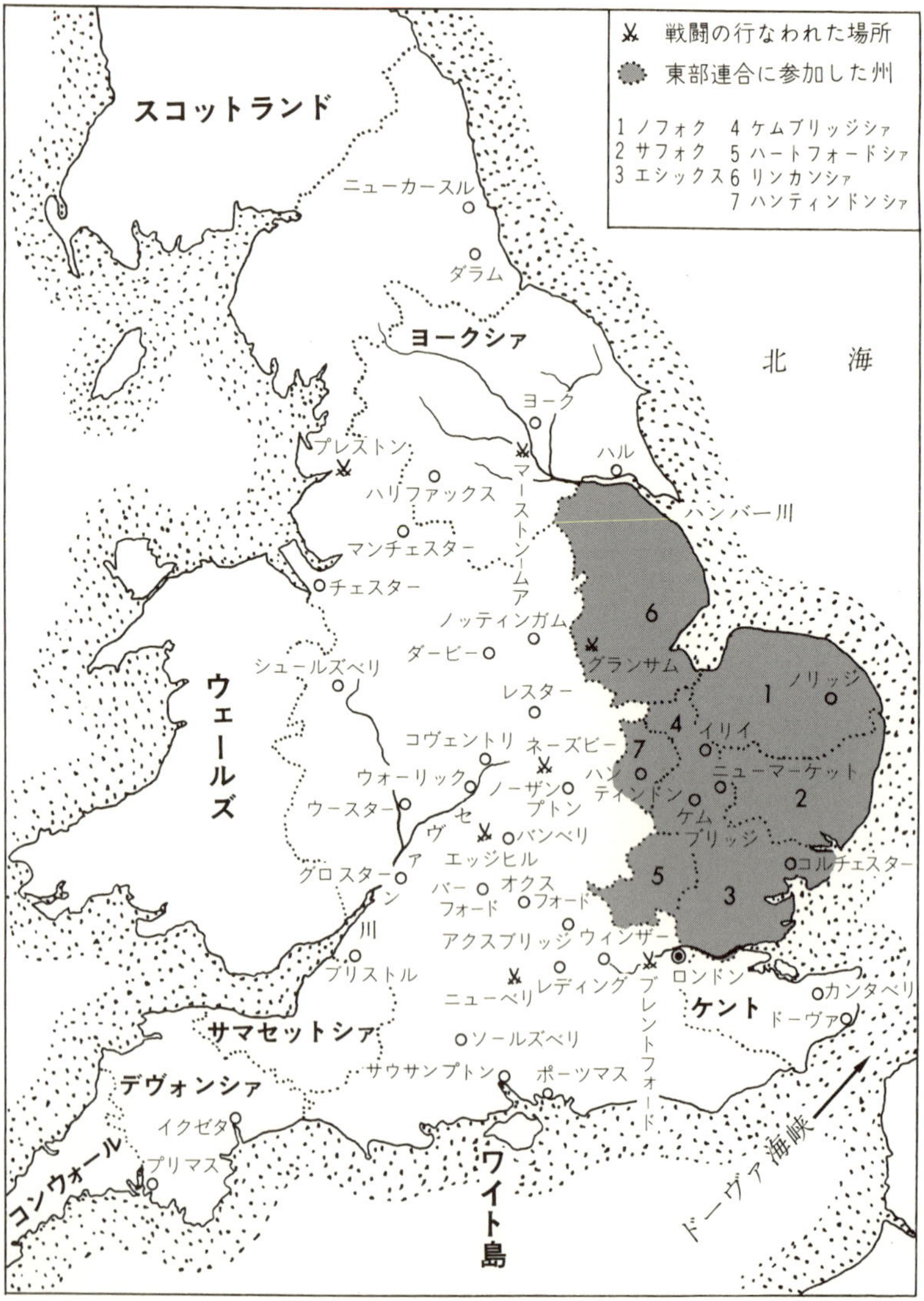

戦闘の行なわれた場所
東部連合に参加した州
1 ノフォク
2 サフォク
3 エシックス
4 ケムブリッジシァ
5 ハートフォードシァ
6 リンカンシァ
7 ハンティンドンシァ
スコットランド
ニューカースル
ダラム
ヨークシァ
北海
ヨーク
プレストン
ハル
ハリファックス
マーストン・ムア
ハンバー川
マンチェスター
チェスター
ノッティンガム
ダービー
グランサム
シュールズベリ
ウェールズ
レスター
ノリッジ
イリイ
コヴェントリ
ネーズビー
ニューマーケット
ウォーリック
ノーザンプトン
ハンティンドン
ウースター
ケムブリッジ
セヴァン川
バンベリ
エッジヒル
コルチェスター
グロスター
バーフォード
オクスフォード
アクスブリッジ
ウィンザー
ブリストル
ロンドン
レディング
ブレントフォード
ニューベリ
ケント
カンタベリ
ドーヴァ
サマセットシァ
ソールズベリ
サウサンプトン
ポーツマス
デヴォンシァ
イクゼタ
プリマス
コンウォール
ワイト島
ドーヴァ海峡

プロローグ

一九六八年初秋のある日、私はロンドンのケンジントン公園の一隅にあるロンドン博物館を訪れた。この博物館は、有名な大英博物館に比べればとるに足りないほど小規模ではあるが、数多くの遺物やパノラマまで用いて、ロンドンとそこに生きた庶民の歴史を、生き生きと再現している。原始時代に始まり、一七世紀の陳列室にたどりつくと、そこにはこの書物の主題であるピューリタン革命の動乱がロンドンに落とした影をはっきり認めることができる。本書の主人公クロムウェルの署名のある兵士のための携帯聖書や多くのメダル、文書類、そのうえ国王チャールズ一世が処刑された当日着用した衣類も、色変わりした血のあともそのままに陳列してある。他に訪れる人もない陳列室に立ちつくして、私は冷酷ともみえる歴史の流れに感慨にふけったことであった。そのとき軽やかな足音と共に、幼稚園ぐらいと思われる男児が、この室にはいってきた。ぐるりと周囲に視線を走らせた彼は、片隅におかれていたクロムウェルの胸像に走りより、大声で叫んだ。「ぼく、この人よく知っているよ。イギリスの王様だったんだ」。孫のあとを追ってきた老婆は、ありありと当惑の色を浮かべて、傍の私に聞かせるように、こういった。「違うよ、坊や。王様のふりをしただけよ」。

今日わずか七か国に減ってしまったヨーロッパの君主国のなかで、君主制に関するかぎり自他ともに第一等の地位を誇っているのは、イギリスである。統一王国がこの地に形成されてからでも、一、〇〇〇年以上の歴史をもつこの国の君主制が、わずか一〇年ほどとはいえ、中絶を余儀なくされたことがあった。中絶されただけではなく、ときの国王チャールズ一世が、ロンドン博物館の陳列が示すように、裁判にかけられ、しかも衆人環視の中で、処刑されたのである。ちょうど時代が、一七世紀の中葉、ヨーロッパの諸国で絶対君主が勢揃いしようとしていた時点であり、君主制の正当性を疑うものはきわめてまれであっただけに、この事件の与えた衝撃は大きかった。それにしても、五〇年ばかり前にはかの絶対君主エリザベス一世を「よき女王ベス」と讃えていたイギリス国民が、君主の首をはねるという事態は、どのようにして生まれてきたのであろうか。

問題は、国王処刑という一つの事件にあるのではない。この事件の一世紀ほど前には、ヨーロッパ全体からみてイギリスはまだ二流国の域を出なかった。スペイン・オーストリアのハプスブルク家とフランスのヴァロア家という二大勢力にはさまれて、ヨーロッパの片隅に位置したこの島国は、必死に生きのびようと努力していた。たしかにこの国は、中世以来、屈指の羊毛生産国であり、毛織物工業が根をおろし始めて、工業化への息吹きが感じられたことも、また一五八八年、世界最強を誇ったスペイン無敵艦隊を撃破して、国民的な自信の高まりがみられたことも、事実である。しかしながら一六世紀のイギリスには、まだ国際政局を左右する力はそなわっていず、またそれは決して他国に尊敬や警戒の気持ちを抱かせる存在でもなかった。ところが、国王処刑をクライマックスとする動乱の一世紀後には、イギリスは「最初の工業国家」と植民地帝国への巨大な歩みを開始しており、フランスの啓蒙思想家たちは、一七世紀の動乱の結果イギリスで達成された、立憲主義と宗教的寛容の体制を讃美の眼で眺め、しかもそれを自分の国のアンシャン-レジーム批判の武器に用いたのであった。

以上の簡単な、一六世紀と一八世紀の比較からも、一七世紀の中葉にイギリスを襲った動乱が、一つの大きな転換点を形づくっていることが知られるであろう。この二〇年近くに及ぶ動乱は、論者の立場によって、「叛乱」、「内乱」、「ピューリタン革命」、「イギリス革命」などの呼称で呼ばれてきた。しかしこの呼称がどうであろうとも、この動乱の渦中から一人の人物が現われて指導者となり、はてはあの博物館での幼児の発言のように、「王様」と見誤られる地位についたという史実は、消し去ることはできない。この人物こそ、本書の主人公オリヴァ＝クロムウェルである。これからクロムウェルの苦闘の生涯をたどり、それがイギリスに何をもたらしたかを考えることにしよう。

I

地方から中央へ
——革命前のクロムウェル

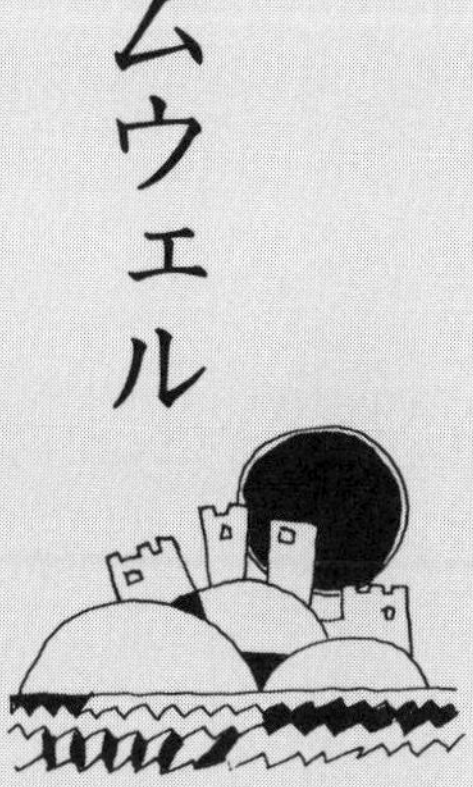

嵐を前に

❖ジェントリの家に生まれる

一五九九年四月二五日、イングランド東部のハンティンドンという人口二、〇〇〇ばかりの町で、オリヴァ＝クロムウェルは生まれた。

クロムウェルの生涯をみるにあたって、決定的に重要な二つの要素は、かれの生まれた家が「ジェントリ」と呼ばれる社会層に属したこと、かれが母親を通して「ピューリタニズム」（清教主義）の影響を受け、熱心なピューリタンとして成長したことである。「ジェントリ」と「ピューリタン」、この意味するものをはっきり知るためには、歴史の歩みをかれの生まれる六〇年ほど前にさかのぼらせねばならない。

❖ピューリタンの出現

イギリスの宗教改革は、国王ヘンリー八世の離婚というきわめて世俗的な問題に出発した。そして国王は紆余曲折《うよきょくせつ》の末みずからを首長とする国教会を、ローマ教会から分離独立してつくりあげた。一五三四年のことである。このため、イギリス宗教改革は、その後に二つの無視できない影響を残した。

その第一は、宗教改革とはいうものの、終始、政治が信仰をリードしており、かんじんの信仰内容（教義）の改革があとまわしにされてしまったことである。ヘンリー八世の死後、つぎの国王の時にはプロテスタンティズム（新教）に接近したかとおもえば、またつぎの時代には、こんどはカトリシズム（旧教）に逆転してしまう。こうして左に右にと大きくゆれ動いた国教会を、「中庸」をとって確立させたのがエリザベス一世であった。国教会の教義は根本では新教の立場に立つことになったが、しかし儀式などにはかなりカトリック的なものが残っていた。こうした宗教改革の不徹底さをあきたらなく思い、大陸で行なわれたような本当の宗教改革を実行しようと考える人びとがでてくるのは当然であろう。そのうえカトリックがはびこった時代にドイツに亡命していた連中が、エリザベスの即位とともに帰国して、本場の空気を伝えた。かれらは国教会からカトリックの名残りを留めるもののすべてを追い出して、教会を「清い」

ヘンリー８世

（ピュア）ものにしようとした。ここからかれらはピューリタン（清教徒）と呼ばれるようになったのである。

イギリスの宗教改革、国教会の成立が、きわめて政治的な色彩の強いものであったため、できあがった国教会は、イギリス絶対王政と完全に一体になって、網のような組織を国中にはりめぐらしていた。そのため国教会を批判することは、あとで詳しくみるように、国家を攻撃することにほかならなくなる。

ピューリタニズムは、首都ロンドンやハルのような港町、さらには北部の毛織物工業地帯に信奉する人が多く、ことにクロムウェルの生まれた東部地方には、かなり早くからこの教えが浸透していた。総じてイングランドのすすんだ地方に、ピューリタンが多かったことは、それがどういう社会層に受けいれられたかを暗示している、といえるだろう。

教義上の改革の不徹底さが批判勢力としてのピューリタンを生んだ。それでは第二の影響はなんであろうか。

❖ジェントリの勃興

政治的な動機に始まった宗教改革には、同時に財政的な動機があった。財宝にうえていたヘンリー八世は、王国の富の三分の一をおさえていた教会の財産に注目して、修道院の解散に乗りだしたのである。だが国王は没収した教会財産を手もとにおいておく余裕がなく、富は国王の手をすどおりしてしまった。新しく教会の富を手に入れたのはだれだったろうか。その最大のものは「ジェントリ」(郷紳)と呼ばれた人びとだったのである。

ジェントリとはいったい何か。おそらくわが国において、もっとも早くこの「ジェントリ」とそのイギリスにおける独自の役割に注目して紹介したと思われる、徳富蘇峰の「田舎紳士論」(一八八八)を引用することにしよう。

「他人よりも未た有力なりと認められず、自家に於《おい》ても未た有力なりと認めずして、其勢力の漸々《ぜんぜん》と政治上に膨脹し来るものは、それ唯た田舎紳士なる哉、田舎紳士とは何そ、英国にて所謂《いわゆ》る『コンツリー、ゼンツルメン』にして、即《すなわ》ち地方に土着したる紳士なり、彼等は多少の地を有し、土地を有するか故に、土地を耕作するの農夫によりて成り立ちたる、村落に於ては、最も大切なる位地を有せり、生活に余裕あるに非ざれども、亦《また》不足なるにも非ず、貴族程に尊大ならざれども、亦水呑百姓の如く憫然《びんぜん》にも非ず……村民よりは愛せられ、親しまれ、敬せられ、彼等は村内の総理大臣とも云ふ可く、総ての出来事皆な彼等の指揮によりて決し……此の如く土地の上より、門地の上より、習慣の上より、云ふに云はれぬ一種の勢力を其地方に有するものは、是れ則《すなわ》ち田舎紳士なり」。

この蘇峰の紹介は、かれがそれをした政治的な意図はともかくとして、ジェントリのイギリスにおける地位と性格をきわめて的確におさえている。そしてこのジェントリこそは、クロムウェルが主役として活躍することになるピューリタン革命ばかりでなく、イギリス史の全体を考察するうえで決定的に重要な社会層であった。もう少しこの社会層を構成していた人たちを具体的にみると、身分の上では貴族より下でヨーマン（自営農民）よりは上の階層、またこのような土地所有者のほかに法律家、医師といった専門職業人や、商工業者で蓄えた富を土地に投資した人たちも含まれていた。しかしその主体は、蘇峰がはっきり書いているように地方に土着した名望家、それぞれの地域社会で「生まれながらの支配者」とみなされている人たちにあった。すなわちかれらは、治安判事や副統監といった官職に任命され、地方行政と地方の自衛軍たる民兵隊の統轄といううきわめて重要な職務を無給で奉仕していた。「高貴な生まれのものは義務を負う」（ノブレス-オーブリジ）という言葉こそかれらの行動の規範であった。

ジェントリという社会層は、宗教改革後、貴族に代わって急速に成長してくる。その上昇原因については、戦後イギリスの学界においてこれまでに類をみないほどの激しい論争が展開した。一方はジェントリの新しい農業経営にその原因を見いだし、他方はジェントリと絶対主義の結びつきを強調する。以下の叙述においても、わが主人公の生涯に、この「ジェントリをめぐる嵐」の落とす影が認められることであろうが、ジェントリ勃興のきっかけになったものが、前にふれた、修道院解散とその財産の獲得にあったことは、疑う余地がない。「ジェントリの多くは、もっともらしく家系の古さを主張しているが、じつは……修道院の廃墟という地の利をえなかったならば、まったく低い身分のものだったのである」と同時代人も記している。

❖「黄金の騎士」

修道院の廃墟の上に台頭した地方の名望家、クロムウェル家もそうであった。「クロムウェル」という姓は、修道院解散にあたって王の片腕となって活躍したトマス＝クロムウェル（一四八五―一五四〇）に由来する。その情容赦もない処置によって「修道僧のハンマー」とおそれられたこの人物には、リチャード＝ウィリアムズという名前の一人の甥があった。この男は伯父トマス＝クロムウェルの口添えによって、ハンティンドン州のヒンチンブルックにあった尼僧修道院をはじめとする教会財産を獲得して、着々と財産をふやし、ついにはナイト（騎士）にも叙せられた。ウィリアムズはみずからの立身がひとえに伯父の推挙によるものであることを知っていたので、姓をクロムウェルと改めて、伯父の愛顧にこたえたのである。

かれの子でありオリヴァの祖父にあたるヘンリーは、エリザベス女王からナイトの称号を受け、またハンティンドンのシェリフ（執政官）を四度も勤めたが、あのスペインの無敵艦隊のイギリス侵攻のおりには武装の充実につとめて名声をあげ、またそのヒンチンブルックの邸での豪奢な生活は「黄金の騎士」という異名をたてまつられるほどであった。そのうえかれは二人の娘をそれぞれ東部地方の自分と同じような名望家に嫁がせた。のちにクロムウェルと同様に議会派の闘将として活躍する、ジョン＝ハムデン、エドワード＝ウェーリといった人物は、この関係からクロムウェルの親類にあたることになるのである。イギリス革命の一つの特徴である、党派の結成に血縁関係が比較的濃厚に現われていることの一端が、ここに示されているといってよいであろう。

ヘンリーの長男はオリヴァといった。わが主人公はこの伯父の名前を受けているわけである。しかしこのサー＝オリヴァは凡庸な人物であって、一六〇三年四月、スコットランドからイングランドの王位につくべく旅を重ねていた国王ジェームズ一世を、みずからの邸に招いて豪華な饗宴をした功によって「バス騎士」の称号を賜わったが、こうした奢侈《しゃし》によって、ついにはその大邸宅を、わが主人公の生涯の宿敵たることを運命づけられたモンタギュ家に売却するという破滅を招いてしまった。

オリヴァ＝クロムウェルの父ロバァトは、このサー＝オリヴァの弟であった。そして父親から年収三〇〇ポンドばかりの土地を分けてもらって、一五九一年ころからハンティンドンの町に移り住んだといわれている。ロバァトは次男であったけれども、ベイリフ（代官）や治安判事といった地方第一の要職を勤め、また一五九三年には議会にも選出されている。

❖幼年時代

オリヴァ＝クロムウェルは、この父親の五番目の子供として生まれた。男の兄弟はみな若死してしまったので、男はただ一人であり、女の姉妹はかれのあとに生まれたものをいれると六人もいた。幼いクロムウェルをみるにあたって見のがすことのできないのは、前にもふれたように母親を通してかれに与えられた影響であった。それは母親によってクロムウェルがピューリタン的雰囲気の中で育てあげられ、またピューリタンとしての教育を身につけたからである。なぜ母親の影響を大きく考えるかといえば、父のロバァト＝クロムウェルが国教会の忠実なメムバーであるのを疑う余地はないのに、息子の教育には一貫してピューリタン的な傾向が見られるのであって、そこにれっきとしたピューリタンの家系に生まれ育った母親の影響を考えないわけにはいかないからである。母親エリザベスは、ハンティンドンの東隣りのケムブリッジ州のイリイに住んでいたウィリアム＝スチュアートという人の娘であって、クロムウェルの父とは再婚であった。ピューリタンの信仰を持った家系に成長した彼女が、しだいに夫にも感化を与えて、クロムウェル家にピューリタニズムの芽を育てていったのであった。

❖厳格なピューリタンの師

クロムウェルの教育は、ハンティンドンのフリー・スクールから始まった。ここでかれは生涯の最初の先生として、トマス＝ビアードに出会う。この人はクロムウェル家ともながく親交があり、また教区教会の牧師をも兼ねていたが、非妥協的なピューリタンであった。かれははなはだ厳格であり、行儀の悪いクロムウェルを鞭《むち》で叱るのに容赦しなかったといわれるが、それにもかかわらず、わが主人公はこの師と一生を通じて親交を結び、おおいに影響を受けたのである。

ビアードの著わした書物に、『神の裁きの劇場』というのがあった。これはクロムウェルの生まれる前（一五九七）に著わされたものであったが、非常に好評を博して、革命勃発までの間に四度も版を重ねている。おそらくはクロムウェルもこの本を何度もむさぼるように読んだことであろう。この本は、副題に「掟に背くものに対する神の尊ぶべき裁きについて」と書かれているように、人間の罪はこの世においても決して罰せられずにすむことはないということを、三〇〇もの実例をあげて論証しようとしたものであったが、そこにはきわめて尖鋭な時代意識がもられていたことを見のがしてはならない。たとえ国王といえども神の掟は守らなければならないのであって、もしも背けば神の裁きがたちどころに下るであろう、と主張していたのである。よこしまなものには刑罰が、そして良きものに対しては報酬が神みずからの手によって下されるであろう、とのこの教えは、ジェームズ一世の宗教政策によって激しい圧迫を蒙っていたピューリタンたちに、戦うことを教えた。のちのクロムウェルの行動のパターンは、まさにビアードのこの書物によって与えられた、といってもよいであろう。

❖「ピューリタニズムの温床」に学ぶ

一六一六年、一七歳の誕生日を前にして、クロムウェルは故郷からそれほど遠くないケムブリッジ大学に学ぶことになった。かれの入学した四月二三日という日に、イギリスのルネサンスを、またエリザベスの時代をはなやかに彩った、かの文豪ウィリアム゠シェークスピアがこの世を去っている。イギリスが新しい時代に移りつつある息吹きはここにも感じられるであろう。もっともクロムウェルは、わずか一年あまりしか大学生活を送らず、学位もとらずにケムブリッジを去らねばならなかった。翌年の夏に父親が死亡したためである。そんなわけでかれの大学生活はかならずしも充実したものとはいえないが、かれの選んだカレッジが、大学のなかでも「ピューリタニズムの温床」と呼ばれた新設のシドニー゠サシックス゠カレッジであったことは、注目に価する。

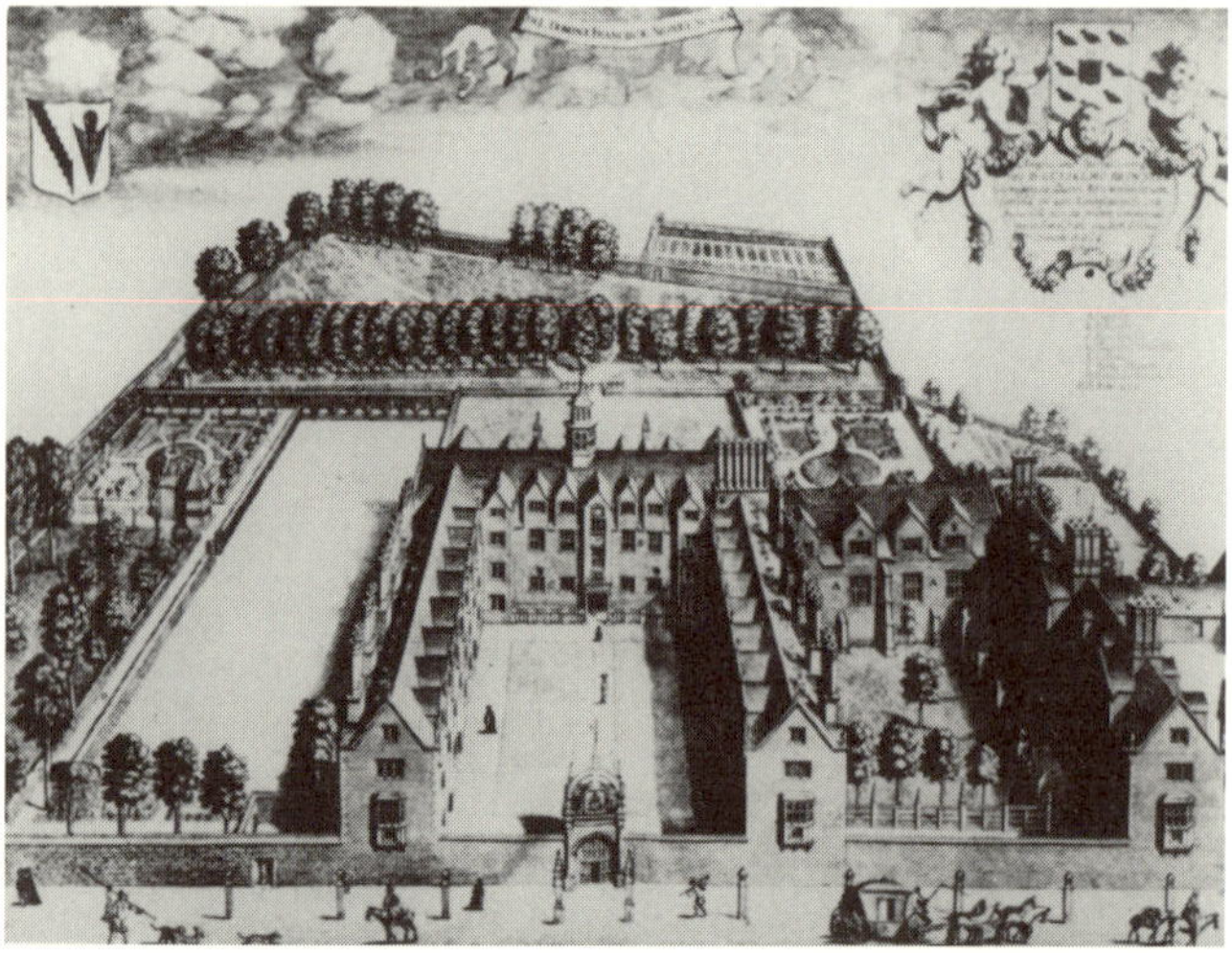
シドニー–サシックス–カレッジ　1589年、修道院の跡に創立された当時ではもっとも新しいカレッジ。17世紀末の版画。

このカレッジの学長はサミュエル＝ウォード博士であった。この人の思想はさきのビアード博士ときわめて類似していた。もちろん学長と一学生という立場からいって、かれの影響を大きくみることはできないであろうが、ビアードからウォードへと、若きクロムウェルの精神形成には、ピューリタン的なものの考え方という一本の筋金が通っていた。

❖結婚

父親の死後三年間のクロムウェルの動静については、まったく知られていない。ケムブリッジに戻ったとも考えられるし、また当時の地主としての生活に必要な法律の知識を身につけるために、ロンドンに出て法学院にはいったとも推測されるが、記録は残されていない。のちのかれの軍事的な活躍から、あるいは三〇年戦争に参加していたのではないか、とみる人もあるが、これは完全に推測の域をでない。つぎにクロムウェルの確実な史料に接するのは、かれの結婚である。一六二〇年の八月二二日にクロムウェルは、ロンドンの毛皮商人の娘エリザベス＝ブルシェと、ロンドン市のクリップルゲイトにある教会で華燭《かしょく》の典《てん》をあげている。ときに花婿は二一歳、花嫁はかれよりも一つ年上であった。花嫁の父は騎士に叙せられ、エシックスに土地を持っていた。この結婚は、かなりの財政的な余裕をかれに与えただけではなく、ここでものちの議会派の闘士たちとの姻籍関係をもたらしたことに注目しておこう。

❖信仰のめざめ

ここで結婚後のクロムウェルに襲いかかった精神的な苦悩について、ふれておかねばならない。クロムウェル家の主治医であったシムコット博士は、オリヴァにはどうも憂鬱《ゆううつ》症の気があって、真夜中にしばしば死にそうだと口ばしったために、何度も往診にかけつけねばならなかった、と語っているし、のちにロンドンでかれを診察した有名な医師も同様の診断を下した記録を残している。多くのクロムウェル伝は、かれのこの病気をピューリタン的な信仰を固めるための悩みから生まれたものであると考えている。それは普通「コンヴァージョン」（信仰のめざめ）と呼ばれているものであるが、クロムウェルには、修道院の片隅の塔の中で神と対決したルターの「塔の体験」のような、外からもはっきりわかる急激な変化はなかったようである。かれの「信仰のめざめ」は、かれの精神形成史において徐々に固まりつつあったものと、私たちは考えねばならないであろう。

❖「罪人のかしら」

すこし後のことであるが、クロムウェルは親類の一婦人にあててつぎのような手紙を書いている。

「あなたは私のこれまでの生活態度がどんなものであったかよくご存じです。ああ私は暗黒の中にくらし、暗黒を愛して光明を憎みました。私こそは『罪人のかしら』だったのです。本当に、私は信心を憎みました。しかるに神は私にみ恵みを授けたもうたのです。神のみ恵みのなんと豊かなことよ」。

人間の罪をふかく自覚して、神の恩寵《おんちょう》に絶対的な信頼をよせているかれのこの態度は、まさにピューリタンに典型的なものであった。だがこのコンヴァージョンを本当に理解するためには、当時の時代の雰囲気をぬきにすることはできない。クロムウェルをして真にピューリタンとして生きる決意を固めさせたのもそれだったからである。

❖恐怖の時代

いってみれば当時は恐怖の時代であった。地上の人間の一生にはありとあらゆる脅威と危険とがつきまとっていた。未発達な医療設備と不衛生きわまる生活、そこには人間の生命をねらう悪魔が巣くっている。非力な人間には、全能の神にかぎりない信頼をよせること以外に、何ができようか。しかもそのうえに、人びとの信仰と生活をもっと暴力的におびやかす政治的な恐怖がつけ加わる。あとで詳しくみるように、イギリス絶対王政の政治は、ことにピューリタンたちの良心の自由をいちじるしく踏みにじるものであった。

こうした時代の雰囲気は、神の裁きにたえて救われるためには何をなすべきか、という問題に対決することを、ピューリタンに迫った。そしてそのまえに、自分が罪深い人間であることを自覚して絶対者たる神に帰依するコンヴァージョンの体験が不可欠だったのである。

❖「選びたまいし器」

しかし、何よりもここで強調されねばならないことは、「信仰のめざめ」を経験したかれが自分は神によって「選ばれたもの」であるという意識を持つようになったことである。神はかれオリヴァ＝クロムウェルを救わんと選びたもうた。これからのちはかれは神の「選びたまいし器」なのであり、ひたすらに神の大業の実現をめざして励み努めねばならない。ここにクロムウェルの行動のパターンがはっきりと形を整えるにいたったのである。しかし、もしもクロムウェルがハンティンドンの片田舎に埋もれたままであったなら、かれの行動の目標は実現の可能性すら与えられないで終わったことであろう。

だが意外に早くそのチャンスがかれに訪れた。一六二八年二月、クロムウェルは故郷のハンティンドンからチャールズ一世の第三議会に庶民院議員として選出され、中央の舞台で活躍することになったからである。当時の政治情勢を理解するために、時を少しさかのぼらさねばならない。

❖処女女王の追憶との戦い

エリザベス女王の後を受けてスコットランドから招かれて王位についたジェームズ一世は、国民の惜しみなき敬愛を一身に集めていた処女女王の追憶と戦わねばならないという、決定的な不利を背負っていた。わが主人公の、母も妻もそして最愛の娘も、「エリザベス」という名である。「輝かしい追憶にあるエリザベス女王」というのは、一人クロムウェルばかりではなく、当時のイギリス国民のほとんどすべてが抱いたノスタルジアであった。あのスペイン無敵艦隊に対する勝利（一五八八）から一五年しかたたない時点で王位につくことになったジェームズは、母国スコットランドにおける新旧両教徒の争いにまきこまれた苦い体験から、王権神授説をふりかざして、政治に対するいっさいの批判を圧殺しようとした。そこに国王と国民の衝突が生まれてくるのを避けることはできなかった。ことにジェームズの柔軟な外交政策は、エリザベス時代に苦労の末に築きあげられたイギリスの国際的な地位とプロテスタンティズムの二つともを、弱めかつ傷つけるものと受けとられた。そのうえかつては家柄にとらわれない人材の登用がはかられた宮廷も、ジェームズの時代になると閉鎖的な性格を強め、国王のお気に入りの側近だけが、わがもの顔にのさばり、そのうえかれらにさまざまな恩恵が与えられたことも、国民の不満を高めた。

❖「主教なくして国王なし」

それればかりか、国王は国教会との結びつきを強めることによって、宗教的な反対勢力を弱めようとした。「主教（国教会の高級聖職者）なくしては国王なし」というのがかれの立場であった。かれの宮廷を回顧して、ある聖職者はつぎのように書いている。

「国家を支えているのは教会であり、政府を強めているのは宗教である。片方をゆるがせば、他方を覆えすことになる。宗教ほど人間の心に深く根をおろしているものはないし、また人の行動を強く支配するものはない。もしも、ひとたび人の心が宗教に疑いを持つようになれば、すべての関係は壊れてしまい、反乱と騒乱だけになってしまう。このように教会と国家はお互いに支えあい、助けあっているのだ。だから片方が変われば、他方には堅固な基礎がなくなってしまう」。

ここにクロムウェルが主役を演ずることになる革命が、「ピューリタン革命」として勃発する理由がはっきり示されている。国教会制を強制することは、たんにイデオロギーのうえで体制への臣従を強制することに留まるものではなかった。官僚的な地方行政組織を欠いていたイギリスでは、国のすみずみまではりめぐらされた国教会の教区組織が、それに代わる役割をしていた。そのうえ「説教壇を支配するものは、つねに人びとの心を思うままに操縦する」と当時の人も認めているように、説教壇は今日のマスコミと同等の社会的・政治的機能を演じていた。したがって国王は国教会を完全に支配し、結合を強めておく必要があった。最初はカトリック、ついでピューリタンに、激しい弾圧の手がのびた。新興の中産階級に支持者の多かったピューリタンの不満は、経済上・政治上の不満とまじりあっていただけに、かれらはカトリックよりもずっとてごわい相手だった。また、それだけに弾圧もきびしかった。あの「ピルグリム・ファーザーズ」と呼ばれた一団のピューリタンが、新大陸アメリカに自由な天地を求めて、船出していったのは、このころのことである。

17世紀の議会周辺

❖マグナ-カルタよみがえる

ジェームズはその治世二二年間に四回議会を開いた。だが議会は財政問題を中心に猛烈に国王にくってかかった。国王が勝手に新しい税をとりたてたり、公債を割りあてたり、非常に広い範囲にわたって独占をはりめぐらしたりしたからである。法律家エドワード=クックを先頭にして裁判所すらも「法の優越」という信念のもとに国王の行動を批判した。あの「マグナ-カルタ」も新しい生命をもってよみがえった。国王は議会を解散するだけでは満足せず、クックたちを投獄するという暴挙をあえてした。

❖「権利の請願」の提出

一六二五年に即位したチャールズ一世の治世になっても、この傾向は改まるどころか、かえって国王と議会の対立に拍車がかけられた。国王の妃はフランスの王女であったためにかれがカトリックの信仰とフランス流の絶対王政に好意をよせているとみられたことも、批判の

チャールズⅠ世と王妃アンリエッタ=マリア

一因となり、議会は国王の財政上の要求をはねつけて協力を拒んだ。そこで議会に頼るのをやめた国王は公債を強制的に買わせたり、献金を強要したりして、しかもその支払いに応じなかった人びとを投獄したりした。当然このような圧制に対して国民の憤激は高まった。そうした不満をそらすために企てられたフランス遠征はみじめな失敗に終わり、国王の財政はますます苦しくなってしまった。頼るべきものはまた議会しかない。一六二八年、国王はやむなく第三議会を召集した。クロムウェルがはじめて議員になったのは、この議会だったのである。

この議会には、専制に抵抗したために不法にも逮捕され投獄されていた人びとが、議席に返り咲いた。ジョン=エリオットはいった。

「イギリスの古い法律と自由とによって、イギリスでは、人民の同意によらなければ、いかなる税や貢租も、またその他いっさいの負担も、課せられたり強制されたたりすることはない。このことは一般によく知られた既得権であり、父祖伝来の権利なのである」。

この発言の精神がこの議会を支配して、有名な「権利の請願」が五月二八日に採決された。「権利の請願」は全文一一か条からなる文書であって、議会の同意のない課税、不法な逮捕投獄、軍法裁判の乱用などに反対している。それは請願というかたちはとっているけれども、明らかにイギリス国民と議会との権利の「宣言」なのであり、それゆえに「マグナ-カルタ」やのちの「権利章典」(一六八九)とならんで、イギリス憲政史上もっとも重要な文書となった。この「権利の請願」で見おとしてならないことは、そのなかにもりこまれた国民の権利が古くから存在した歴史的な権利である、と主張されていることである。エリオットの演説もそうであった。古い中世の法によりどころを求めて歴史的・回顧的な立場から、絶対王政の暴政に対抗しようというのが、議会の立場であった。

❖クロムウェルの処女演説

さて、はなしをクロムウェルにもどそう。かれはこの歴史的な議会に、はじめて議席をしめた。この議会にはクロムウェルの姻戚《いんせき》にあたる議員が九人いたが、そのうち何人かが「権利の請願」を国王につきつけるのに中心となって働いているのをまじかに見て、おそらくはかれも、イギリスの政治にとって何が一番の問題であるか、また戦うためにはどんな理論的な武器が必要であり有効であるのか、体験を通じて認識を深めたことであろう。

　チャールズはいちおう「権利の請願」に同意を与えたにもかかわらず、依然として税金を徴収し続け、しかもそのうえに宗教問題で議会と衝突した。それはかれが国教会の首長として布告をだし、国民に国教会の教義と儀式を守るように命令して、国教会にあわない教えを唱えたり印刷したものには厳罰を科すことを、明らかにしたからである。議会はジョン゠ピムを長とする宗教委員会を設置して対策をねった。クロムウェルの議会における処女演説は、おそらくこの委員会においてであった、と判断される。かれは、恩師ビアード博士の経験をもとにしながら、国教会の中心部にカトリック的な見解の持ち主が巣食っており、国王がむしろかれらに恩顧《おんこ》を与えている、と攻撃した。真の敵は、カトリックなのだということこの把握こそ、これから後もかれの生涯を貫く一筋の糸たり続けることであろう。

ジョン゠ピム

❖国王、議会を解散させる

ますます高まってきた議会の反抗の気運をみて、チャールズは逆に攻勢にでてこの議会を解散して、けりをつけようとした。ところがエリオットやジョン＝ピムらの反対派の議員たちは、一六二九年三月二日、解散を伝えようとした議長を議長席に腕ずくでおさえつけたまま、国王攻撃の決議文を、満場騒然たるなかで強引に採決してしまった。この暴力議会で、クロムウェルがどんな役割をかってでたかは、臆測《おくそく》するほかに方法がない。

議会のやり方に憤慨した国王は、改めてこの議会を解散して、議会なしの親政に乗りだすことを決意した。そのうえ反対派のリーダーと目された九人を投獄した。そのなかの一人エリオットは、自分の命を金で買うのを承知せず、ついにロンドン塔の獄中で死んでいくのである。黒雲はだんだんとその濃さをまして、ひろがっていった。

専制支配のもとで

❖親政による弾圧

一六二九年三月に解散された議会は、一六四〇年まで一一年間開かれなかった。チャールズ一世はカンタベリの大主教ウィリアム＝ロードを片腕にして、親政を実行に移した。側近には、のちにストラフォード伯に叙せられたウェントワースが加わり、この体制はロード＝ストラフォード体制と呼ばれることになったが、この体制の最大の問題点は、やはり財政と宗教の二つであった。

議会を開かない以上、議会の承認を必要としない課税対象をみつけねばならなくなった政府は、あらゆる便法を講じて収入を増加させようとした。トン税・ポンド税という関税が強化され、一定の土地を持ちながら騎士になろうとしない人に罰金が課せられ、法律のぬけみちを利用して独占権が復活されて売りさばかれ、最後には従来は海港都市に限られていた船舶税を全

ストラフォード伯トマス=ウェントワース（左）とウィリアム=ロード

国にひろげて課税しようとさえした。

この船舶税に反対して立ちあがったのが、他ならぬクロムウェルの従兄ジョン＝ハムデンであった。この税の不法を訴えたかれの裁判は、七対五というきわどい差で国王側の勝訴となったが、この事件をきっかけにして、課税支払い拒否の運動が全国にひろがっていった。国王の政策によって被害を蒙った人たち、ことに地方にいるあの「生まれながらの支配者」たちを中核として、反国王の統一戦線が形成されたのである。

宗教問題においては、国教会防衛の責任者ロードは強制と弾圧を手段に、この問題にあたった。ピューリタンが重くみた説教を禁止し、牧師たちに国教会の礼拝儀式に従うことを誓約させたり、前王が刊行した『遊びの書』を再刊して、遊戯や飲酒をすすめてピューリタンの禁欲主義に嘲笑をあびせたが、やはりもっとも使われた手段は、星室庁や高等宗務官裁判所といった特別の裁判所による弾圧であった。国家の政策を批判したり、国教会への忠誠を拒んだピューリタンに、苛酷な裁判の手がのびた。たとえば、一六三七年六月に、ウィリアム＝プリンら三人のピューリタンが、広場にさらしものにされたうえ、耳を切り落とされたとき、集まっていた民衆は自分の身体に危害を加えられたかのように、いっせいにうめき声をあげたと伝えられている。このような残虐さは、当時スペインなどで盛んに行なわれていた宗教裁判を思いおこさせたことであろう。不当な弾圧は反発を強め、殉教者たる英雄を生み、敵に対する激しい敵意と闘志とを育てていく。

❖市政改革の敗北

ここで初めて議員になった議会が解散されたのちのクロムウェルの消息に眼を転じることにしよう。かれはいくつかの問題で、地方政治における重要な役割を演じていた。かれがぶつかった最初の事件はハンティンドンの市政改革問題であった。ここではかねてから毎年選出される二四人の市会によって比較的民主的な市政が行なわれていたが、国王政府は議会解散の翌年に新しい特許状を下付した。それによると市政は終身の一二人の市参事会員とその中から選ばれる市長によって掌握されるように改められており、かれらの名前がすでに特許状に記載されているところからみて、明らかに開放的な市政に批判的な一部のグループの寡頭《かとう》支配の要求に応じたものであった。国王政府としても、その専制の基盤を固め、また将来の選挙にそなえようとして、この動きと結んだのであった。

　クロムウェルはこの新特許状反対に立ちあがった。ところが、その言動が訴えられ、仲間とともに枢密院《すうみついん》に出頭を命じられた。事件の処理に直接あたったのは、偶然にもクロムウェルの伯父オリヴァがその豪華な邸宅を売り払ったあのモンタギュ家のマンチェスター伯であった。かれは一方的にクロムウェル側に非を認め、寡頭支配グループとの和解をすすめた。数か月後、ハンティンドンの全財産を売り払ったクロムウェルは、同じ州で五マイルほど東のセント‐アイブスに移転した。かれはみずからの政治的敗北を認めたのであろうか。おそらくは市政改革の運動がかれに多大の出費をしいたのであろう。そのうえ、ほぼ同じ時期に、騎士への強制に応じなかったために、かれは一〇ポンドの罰金をとられている。罰金を強制した国王の委員の一人は、またしてもマンチェスター伯であった。

マンチェスター伯のメダル

　いずれにしても、クロムウェルがセント‐アイブスで送った日々は、ハンティンドンにおけるそれとは比較にならない零落《れいらく》の日々であった、と推察されている。確認はできないが新大陸への移住決意も、またさきにふれた「信仰のめざめ」も、この時代のことであった。

❖「沼沢地の王者」

零落の日々は、一六三六年まで続いた。この年母方の伯父が死んで遺産をクロムウェルに残した。遺産はイリイ大聖堂領からの借地を中心とするもので、クロムウェルはこの突然貰《もら》えた土地の管理にあたるため、一家をあげて移住する。そしてこの地で、「沼沢地《しょうたくち》の王者」という異名を奉られるほどの地方名士としての地位を築きあげるのである。

ハンティンドン州、ケムブリッジ州の一帯はウーズ川の流域で、大きな沼地になっている。そこでこの世紀のはじめから、オランダの技術をとりいれた大規模な干拓事業が始められていたが、一六三四年からは「アドヴェンチャラーズ」という団体にこの事業の特許状が与えられ、三七年にほぼ完成をみた。

かねてから干拓によって共同権や漁業権を奪われて生活が苦しくなったこの地方の住民の間には、強い不満がわきおこっていたが、そのリーダー役を務めていたのがクロムウェルの伯父なのであった。クロムウェルはこの伯父から遺産といっしょにこの仕事もひきつぐことになった。そして干拓のできた土地を自分たちの間で分けてしまおうとするアドヴェンチャラーズに、またその背後にあって収入をえようとした国王に訴訟を通して戦いをいどんだ。戦いはクロムウェルたちの勝利に終わり、住民たちはこれまでどおりの権利を保有することを許されたのであった。このほかにも、クロムウェルは勝手に土地の囲い込みをして住民に立ちのきをせまった横暴な貴族にも黙ってはいなかった。そしてかれがつねに隣人たちの権利擁護のためのチャンピオンとして活躍したことは、いやがうえにもかれの名声を高め、「沼沢地の王者」たるかれの名前は東部諸州にかくれもないものとなった。のちのクロムウェルの活躍の基盤を考える場合、親政の嵐が吹き荒《すさ》ぶなかでかれが片田舎のジェントルマンとしてつちかった名声を見のがすことはできないのである。

❖清らかな教会の維持

ハンティンドンにおける市政改革の問題、イリイにおける干拓反対の運動と並んで、クロムウェルが取りくんだもう一つの問題は、ピューリタン説教師の維持であった。このころ国教会の財政が苦しかったことに好機を見いだしたピューリタンは、国教会の聖職者任命権を買い求め、仲間のピューリタン聖職者を説教師に任命して、自分たちの力で理想の教会を作りあげようとした。国教会が宮廷と結びつき、しかもカトリックの疑いさえ持たれるようになった現状に反発した地方の有力者にこの運動に参加するものが多く、またロンドンの大組合もその豊富な資金に訴えて、この運動を支援した。まさにそれは絶対王政の基礎をゆるがす「静かな革命」であった。この事態をみてロードは弾圧にでた。ハンティンドンにおいてピューリタンの説教師が免職されたのは一六三四年であった。翌年クロムウェルは、この町の説教師を財政的に支援していたロンドン呉服商組合の一員に、手紙で訴えている。

「あなたたちが私どもの州に説教集会をつくられたのは、まさにすばらしいお仕事であります。……神の真理の敵どもによって、あわただしくまたあらあらしく多くのものが弾圧されているこのときに、この仕事に資金をお寄せくださると信じております、多くの有能にして信仰厚き方たちの手によって、説教が守られていきますことは、なんと敬虔《けいけん》なことではありますまいか」。

自分たちの説教を守りぬこうとするクロムウェルの努力は、ロードの弾圧に対するぎりぎりのかたちの抵抗であった。のちに当時を回想して、かれは、「私たちに宗教問題で変更を迫る計画があった。しかもそれは、毒をはらんだカトリック的な儀式に私たちを連れこんだり、またその儀式をピューリタン……におしつけて、獣のほえる荒野で糧《かて》を探し求めさせて、すべての信仰の核心や力や心や生命をば食いつくしてしまう、変更なのであった」といっている。

❖スコットランドの抵抗

一六三七年は一つの転換点であった。ハムデンの船舶税事件が起こったのがこの年であるし、またプリンに対する血なまぐさい刑罰が行なわれたのも、この年である。しかも同じ年に深まった危機を一挙に爆発させる触媒《しょくばい》の働きをしたのは、宗教問題であった。すなわち同年、国教会の強化に没頭していたロードは、スチュアート朝の即位以来同君連合の関係にあったスコットランドに、国教会の制度と儀式をおしつけようとした。そのためピューリタンの一派である長老教会主義を国教にしていたスコットランドで、猛烈な反対が起こったのは当然であった。エディンバラの暴動、長老教会主義を守る「国民盟約」といった動きが生まれる。国王チャールズは武力による鎮圧の方法を選んだ。しかし資金を外国に求める交渉は失敗したので、残されたみちは、議会に頼る以外なかった。

❖ 一一年ぶりの議会

一六四〇年四月、一一年ぶりに開かれた議会にクロムウェルの顔が見いだされた。ハンティンドンではなく、そこからもまたイリイからも近いケムブリッジがかれを招いて立候補させたのであった。スコットランドからの侵入の危険に訴えて国民感情をかきたて、あわよくば戦費の協賛をえたいという国王の希望が、まったく見当ちがいであることは、まもなく明らかになった。ピューリタンはスコットランドの立場に対する同情と共感を持っていたからである。「スコットランドからの侵入の危機よりも、専横にもとづく統治の危機のほうがずっとおそろしい。議会で述べられた危機は、遠いところの話である。だが私がいおうとしている危機は、ここに、この議会に存在するのだ」と一議員は演説した。議会はもはや国王に協力しようとはせず、かえってピムを中心として王の悪政を非難するとともに、戦争中止の決議を採決しようとした。ついに国王は、開会後わずか三週間でこの議会を解散してしまった。その短命のゆえにこの議会は「短期議会」と呼ばれている。

国王と議会が決裂したのをみたスコットランドは、その軍隊を国境をこえて侵入させた。苦境に陥った国王は、多額の賠償金の支払いを約束して和を結ばざるをえなかった。その財源をひねりだすためには、またしても議会に頼らざるをえない。

❖長期議会の改革

総選挙をへて一六四〇年一一月に開会された議会は、こののち一三年も続くことになったので、「長期議会」と呼ばれている。この議会には総数四九三人の議員が選出されたが、無競争であった従来の選挙とは異なり、その二五九の選挙区の四分の一近くで対立候補が立って争ったところにも、切迫した危機に対する関心の高さを読みとることができるであろう。近年この議会のメムバーについての研究が盛んであるが、メムバーの出身社会層に関するかぎり、それ以前の議会との間には差異が認められず、圧倒的に名門・旧家の出といえるジェントリが多数をしめたことが指摘されている。なにしろ州では年収四〇シリングの自由土地所有者、都市で

開会中の長期議会　当時の議会は現在の議場に隣接するウェストミンスター-ホールで開かれた。

は一定の資格を持つものに選挙権は限られていたのであるから、それは当然のことであった。この議会にもクロムウェルはケムブリッジから選出された。クロムウェルのようなタイプの議員が主流をしめていたこの議会は、構成は変わらなくても、少なくとも一一年ぶりに期待されて開かれた前の議会が短命で終わっただけに、従来の議会と同様の行動をとるはずはない。おそらくは専制支配下に地方の各所で体験された被害に対する不満が、一挙に表面に現われることになるであろう。

長期議会の議員たちは、ほぼ全員一致で行動を開始した。かれらの行動には、三つの目標があった。第一は専制政治の責任を国王ではなくその側近に求めて処罰することであった。ロードとストラフォードが捕らえられ、後者はやがて処刑された。第二は専制支配の機構を破壊することであって、議会は一連の改革立法の通過に全力をあげた。無議会政治が再現しないように、三年に一回

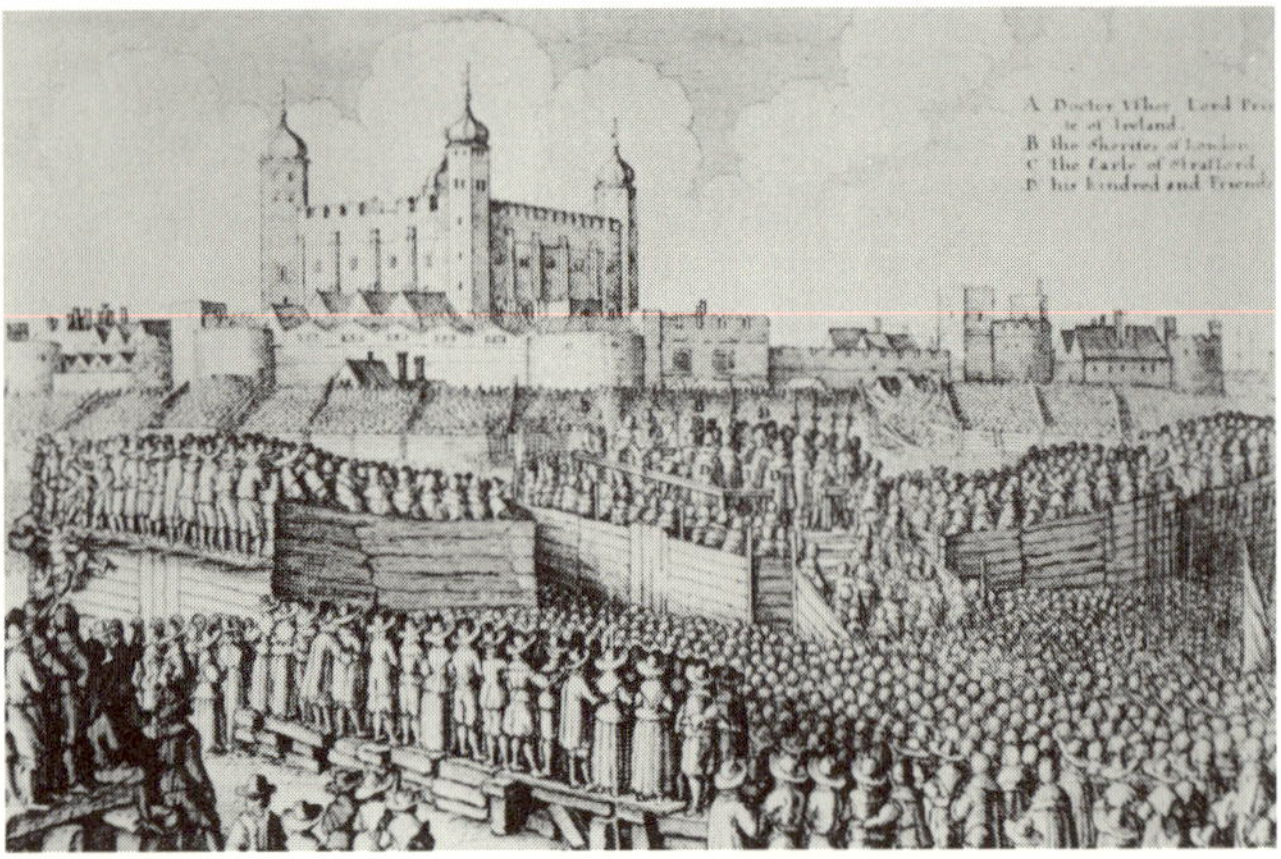

ストラフォードの処刑

は議会は召集されねばならず、またみずからの同意なしには解散されないことになった。さらに問題の国王の勝手な増収策――トン税・ポンド税・船舶税・騎士強制金など――のいっさいが禁止され、多くの被害者を生んだ特別裁判所――星室庁と高等宗務官裁判所――も廃止された。このように国王の権力を議会が制定する法のわく内に封じこめようとするかぎり、議会は団結して行動することができた。しかしそこに第三の宗教の問題がはいってくると、もはや一致した行動は見られなくなる。

❖議員クロムウェル

さてこの間のクロムウェルの行動を見よう。廷臣の一人ウォーリック伯はつぎのように書き記している。

「私が初めてかれに気づいたのは、四〇年の一一月に開かれた議会のごく初期のことであった。そのころ私はうぬぼれて自分は宮廷に関係のある若いジェントルマンだと思っていた。というのはわれわれ廷臣は衣服のことを重んじていたからである。

私はある朝、身なりを整えて議場におもむいた。そして一人の私の知らないジェントルマンが、ごくふつうの衣服を身につけてしゃべっているのを見た。かれの着ているものはごく質素なラシャ地の洋服で、どうやらあまりうまくない田舎の仕立屋が作ったものらしかった。シャツも粗末できれいではなかった。またカラーよりも小さいバンドに血のしみが一つ二つついていたのを覚えている。帽子にはリボンがついていなかった。背丈はかなり高く、剣を体のわきにぴったりつけてさしていた。その顔ははれぼったく赤らんでおり、その声は鋭くまねのできないもので、弁舌には熱がこもっていた」。

❖リルバーン釈放の要求

クロムウェルの演説は、のちにかれと激しく対立しあうことになる平等派の指導者ジョン＝リルバーンの釈放を要求するものであった。クロムウェルの長期議会へのデヴューが、のちの抗争相手を救いだすためだったとは、なんと皮肉なことであろうか。しかし、このできごとが、いわばピューリタン革命の性格と経過とを象徴するものであることは、これからの歴史がはっきり示してくれるだろう。

このウォーリック伯の記述の他にも、クロムウェルの演説に惹かれた一議員が、ハムデンにかれはだれなのか、とたずねたところ、自分の従弟のことを聞かれたハムデンが、「あいつは身なりは構わないけれど、もし万一、われわれが国王と決裂するようになったら、きっとイングランドでもっとも優れた人になるだろう」と答えたという史料もある。しかし、当時の人の記述には、この時期のクロムウェルを中央政界になじみの薄い田舎者と見て、のちのかれと比較しようとする意図が濃厚であるから、そのまま信用するわけにはいかない。さきにみたように「沼沢地の王者」の名前は轟《とど》いていたし、しかもこの議会にはじつにかれの一一人の従兄と六人の親戚が議員になっており、のちの補充選挙でさらに六人の縁者が加わっている。その多くはハムデンをはじめとして親政期に国王反対の叫びをあげた人たちであり、しかもその何人かは一六三〇年代にピムを中心に結成されたプロビデンス島会社に関係していた。長期議会における国王反対派の中核は、すでに存在していたのであり、クロムウェルは当然その一員と目されていたのである。

じっさいかれは単なる一陣笠議員どころではなかった。じつに一八もの議会委員会にかれは名を連ね、貴族院との連絡や院外からの請願のとりつぎという、きわめて重要な役を果たしている。しかしかれの主な関心は、やはり宗教の問題に向けられていた。

❖根こそぎ法案

宗教問題の口火をきったのは、四〇年の一二月にロンドンの市民からだされた、「根こそぎ請願」であった。それは国中に根と枝をはりめぐらしている国教会制度を「根こそぎ」に廃止してほしいというのである。各地からも同じ趣旨の請願が殺到したことに勢いをえた議会のピューリタンたちは、この請願の法案化をいそいだ。クロムウェルも起草者の一人であった。ところが議会のなかには、これまでの国教会の絶対王政との露骨な結びつきを改めるだけで充分であり、国教会そのものは守っていこうと考えていた人びとが、かなりたくさんいた。かれらは「根こそぎ」という極端な方法に賛成できなかったし、また大衆の請願という運動にも反発を感じた。教会で平等が実現したら、国家においても、いいかえれば土地の所有も平等になってしまう、というのがかれらの論理であった。国教会廃止に熱心だったクロムウェルは、当然激しくこの論理を批判する。だが将来、クロムウェル自身が、このような論理に頼って、混乱と無秩序を防ごうとすることを、だれが予見しえたであろうか。

「根こそぎ派」の弱点は、国教会を廃止したのちの積極的なプランを提出できなかったことにあった。クロムウェルも「持ちたくないものはいえるが、持ちたいものはいえない」と語ったと伝えられるが、新しい「清らかな教会」についての意見はさまざまであった。そのため院外の世論の高まりをよそに、「根こそぎ法案」は棚ざらしにされてしまった。

❖アイルランドの反乱

宗教問題を契機とする議会の分裂をみたチャールズ一世は、改革の進展にブレーキをかけるためにスコットランドに旅だち、そこから「生命をかけても国教会を守る」という手紙を議会に送ってきた。当然議会に緊張感がみなぎった。このときまたしてもそれに拍車をかけるようなニュースが伝えられた。四一年の一〇月、アイルランドにカトリック教徒の反乱が起こったというのである。

この反乱は、じっさいには過去数世紀にわたってイギリスがアイルランドで遂行してきた植民政策に対する不満が、イギリス絶対王政の動揺をみて、爆発したものであった。一〇月二三日、アルスタ地方に勃発《ぼっぱつ》した反乱は、現地のイギリス側の官憲が手をつけかねているうちに全土にひろがり、地主や植民者の家を焼きはらい、土地を奪って、荒れ狂った。ところがじっさいの犠牲者数が誇張され二〇万以上もの「大虐殺」と伝えられたため、イングランドでは恐慌《きょうこう》が起こった。ことにピューリタンたちはこの事件を、悪魔のようなカトリックのしわざであるときめつけてしまった。挙兵のための献金運動が始められると、かれらはきそってそれに応じた。クロムウェルもその一人である。かれらはアイルランドの反乱の本当の原因が原住民の政治的・経済的不満にあったことを見ぬけなかった。カトリックに対する激しい敵意とアイルランドに対するぬぐいがたい不信とが一体となって、アイルランドに対する戦争が準備された。イングランドにおける自由の戦士も、アイルランド人の自由にはまったく無理解であった。こうした驚くべき無理解が、のちのクロムウェルのアイルランド征服を導きだすのである。

❖「大抗議文」の発表

議会はただちに反乱鎮圧のための軍隊派遣と軍費の支出を議決した。そしてかねてから作成が進められていた「大抗議文」の審議も始まった。これはそのタイトルが示すように、国王のこれまでの悪政を連ねて抗議する文書であって、その起草にあたったピムやクロムウェルたちは、この文書を国民に向けて発表して、議会の考えを明らかにしたい、と考えた。当然のことながら審議は紛糾を続けた。問題はこの文書の内容ではなくて、議会がこの行動をとることを認めるかどうかにしぼられてくる。たしかに庶民院が、国王も貴族院も無視してしまって、直接国民に訴えて国民と結びつこうとするのは、前例のないまさに革命的な手段である。だが、国民と手を結ばないかぎり、これまでの努力は水泡《すいほう》に帰してしまうであろう。一一月二二日、深夜まで続いた討論の末、ついに採決されることになったが、その結果は賛成一五九票、反対一四八票、わずかに一一票の差であった。議会は国民と結ぶほうを選んだ。「もしもこれが否決されてしまったら、もう二度とイングランドには帰ってこないつもりだった」とクロムウェルはのちに回想している。かれはたしかにこの「大抗議文」に自分の政治的な生命をかけたのである。だが同時にそれを阻止することにかけた人も多かったことは、一一票という僅少《きんしょう》の票差がものがたっている。「大抗議文」によって議会内の分裂は決定的となった。国王にくみする議員たちは議会から離れていった。

「大抗議文」が通過した三日後、ロンドンに帰ってきた国王チャールズ一世はいちおう「大抗議文」を受けとって譲歩の用意のあることをほのめかしたが、それが見せかけにすぎないことは、かれの行動がつぎつぎに暴露していった。ことにかれがアイルランドのカトリック教徒と通じていたことが明るみにだされ、かれに対する不信はいやがうえにも増大した。しかもかれは無謀にもみずからの行動によってこの不信を爆発させてしまったのである。

❖五議員逮捕事件

それはかれが、ピムやハムデンなどリーダー格の五人の庶民院議員と一人の貴族院議員を、反逆罪をおかしたものとして逮捕しようとしたためであった。四二年一月四日、チャールズは四〇〇人の護衛兵をひきつれて議場に乗りこみ、かれらの引きわたしを求めた。だが庶民院の議長のレンソールは毅然《きぜん》として「議会の召使いである私は、議会の命令以外は、見るべき目を持たず、語るべき口を持ちません」と答えた。

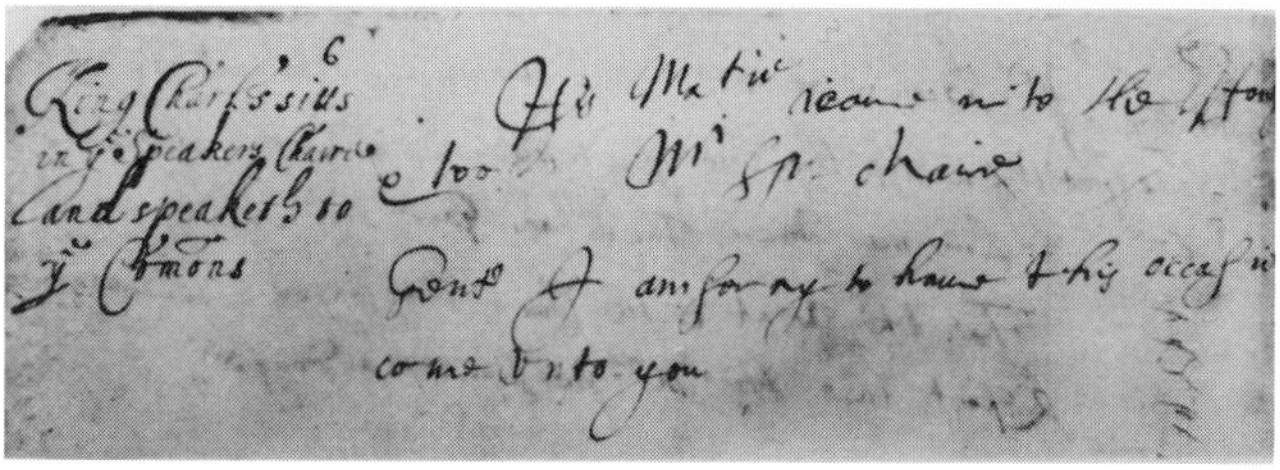

五議員逮捕事件とその記録　兵を従え議場にはいる国王（左）と迎える議長（右）。（下）は事件を告げる庶民院議事録。

すでに国王の侍女を通して情報をえていた五人の議員は、ロンドン市内に逃れていたのであった。慣習によって市内には国王といえども特別の許可がなければ立ち入ることはできなかった。「そうか鳥は逃げてしまったな、もどってきたらすぐ引きわたすように」という有名なせりふを残して、国王は立ち去らねばならなかった。

一月一〇日、この絶望的な情勢をみて、チャールズは王妃とともにホワイトホールの宮殿をあとにした。その翌日、国王と入れかわりに、国王の直接行動を恐れて避難していた庶民院は、逃れていた五人の議員たちといっしょに、もとのウェストミンスターの議場にもどった。

議場までの道すじをうずめた群集は、「国王ピム」と歓呼の声をあげて、この英雄たちを迎えた。立ち去るものと、帰るもの、両者には武力に訴える以外もはや解決のみちは残されていなかった。

Ⅱ

聖者の進軍
——議会軍とクロムウェル

騎兵隊長クロムウェル

❖戦闘準備

議会とともに民衆も立ちあがりつつあった。さきに国教会の廃止を求めた「根こそぎ請願」を提出したロンドン市民は、一六四一年暮の市会選挙において、はっきりと市政当局者の交代を求め、反政府・反国教会の立場に立つ人物を送りこんだ。各地からも議会支持の請願がよせられてくる。議会もそして相手の国王も戦闘準備を急がねばならなかった。議会はかねて組織化を進めていた各州の自衛組織である民兵隊を直接支配下におこうとして、国王の反対をふりきり、「民兵条例」を発布した。しかし全体の指揮権は議会が握ったものの、民兵隊は州ごとに編制され、自衛軍という性格が強かったため、かならずしも統一行動はとれないという、弱点は残っていた。国王の側もこれまでの慣習どおりの軍隊召集令状を発して、国王軍の編制にとりかかった。一方では、妥協の道を求めて、交渉も継続されていたが、もうこの段階になるとそれも無益であった。

クロムウェルは多忙であった。一六四二年八月にはケムブリッジ大学が国王の求めに応じて現金と貴金属を提供しようとしているとの噂《うわさ》に接すると、早速みずからの発意で町の武器庫を占領し、現金と貴金属の差し押さえに成功した。この行動によって、かれは自分の選挙区とたとえ短期間とはいえ学んだ母校が国王側につくことを防いだのであった。「私は不思議な力によって高い所に持ちあげられているようにさえ感じる。それがなぜだか私にはいえない。夜も昼も、私は大きな仕事のほうへ押しやられていく」。当時のかれの述懐である。しかしかれは続けて書いている。「私は神が、昼の日中に私をとりまいている暗闇を見通す力を与えて下さったように感じる」。神が指針を与え給うという確信、それがかれの行動を支えるエネルギーであった。ハンティンドンの広場では、「福音の自由と国土の法を守るため」武器をとって戦うことを訴えるかれの姿が見られたという。そして六〇人ほどの騎馬隊をひきいて、議会軍司令官に任命されたばかりのエシックス伯のもとにクロムウェルははせ参じた。

議会軍司令官エシックス伯

八月二二日、チャールズ一世はノッティンガムに国王軍の集結を命じ、城に高く国王旗をかかげた。戦闘の幕はきっておとされた。だが、掲げられた国王旗はおりからの風雨に吹き飛ばされて、翌朝泥まみれになって発見された。あたかも国王の今後の運命を象徴するかのように。

❖両陣営の構成

さて、それではついに相戦うにいたった議会、国王の両陣営はどんな人びとで構成されていたのであろうか。よく引用されるものにピューリタンの牧師であったリチャード＝バクスターのつぎの言葉がある。「イングランドのいくつかの州では、騎士やジェントリの大部分は国王の側についた……。そしてこれらのジェントリの小作人や賤民《せんみん》と呼ばれるきわめて貧しい人びとも大部分はジェントリについて国王側についた……。議会の側には、たいていの州のジェントリの一部と商工業者や自由農民や中産階級の人びとの大部分がおり、とくに毛織物などの工業に依存する都市や州ではそうであった」。この他、同時代人の発言には、両派の構成に一定の社会性、地域性が働いていたことを証言するものは多い。しかしこのような個別的な証言史料から、果たしてどの程度まで全体の見とり図を正確に描けるかは疑問である。

❖最終的な決断

過去数十年にわたる政治上、宗教上の体験が生みだしたものが、ある人を議会側に、べつの人を国王側につかせたといっても、問題は片づかない。「つぎつぎに起こった予期せぬできごとによって、知らず知らずのうちにわれわれが内乱を始めるようになったしだいは、考えてみると奇妙なものだ。それはあたかも海の波のようにわれわれをここまで連れてきてしまった。文書による戦いから、いまや軍隊を集め、指揮官や士官を任命する問題にまでどうしてきてしまったか、われわれにはどうもよくわからない」。議会派につき、のちに共和国の要職をしめることになるホワイトロックの告白である。一般庶民の困惑はいうまでもない。たとえ情報に恵まれ議会側の主張の正しさを頭脳では理解できても、本能的に生命と財産を守ろうとする姿勢がとられても、あながち責めるわけにはいかない。また支配領域の拡大をめざす議会と国王のこぜりあいが進むと、自分の住んでいる地域だけは中立を守って、被害を避けようとする動きも生まれてきた。しかし開戦の翌年春、議会は、「犯罪者」すなわち敵にまわった人の土地を差し押えるという布告をだして、人びとを最終的な決断に追いやった。

したがって一般的な図式として、地理的にいえば東部と南部に議会派が多く、西部と北部に国王派が多く、また宗教的にみれば国王派は国教会信徒と一部のカトリックからなり、議会派がピューリタンであった、といえるにしても、事態はずっと複雑であった。ほとんど各州ごとにその内部に内乱があったのである。近年の研究は「地方的・家族的諸関係」を陣営構成のきめ手としてあげているが、地域社会を舞台に展開した競争や敵対の関係も、党派を選ぶにあたって、大いに力があったと考えられる。その証拠に、さきの「大抗議文」の採決がはっきり示したように、ジェントリを中核とする「地方の生まれながらの支配者」が、まっ二つに分裂してしまっている。イギリスの革命においては、貴族・ジェントリが団結して一方の陣営につくという事態はみられなかった。それが両陣営の構成の最大の特徴であり、このことがこれからの革命の進行に大きな影響をもたらすのである。

こうみてくると、熱烈なピューリタンの信仰にめざめ、しかも議会派の基盤となった諸州の指導的ジェントリとの間に地方的・家族的な利害の紐《きずな》で結びあわされていたオリヴァ＝クロムウェルは、議会派の中心的なタイプであったといえるであろう。革命が進むにつれて、議会派の陣営は分裂を重ねて、だんだんやせほそり、そしてしだいに、いわば公約数的な線に落ちついてゆく。クロムウェルがピューリタン革命の中心人物となるのはこのためである。だがこれは革命が終わってみてはじめていえることである。内乱の経過を追わねばならない。

❖アマチュアの軍隊

ピューリタン革命における戦闘の最大の特徴は、両軍ともに戦うことだけを目標に編制され訓練された職業的な軍隊とはいえない性格のものであった点に見いだせる。イギリスの国内では、バラ戦争以来一五〇年も大きな内乱はなく、また海という天然の要塞《ようさい》に囲まれて、強大な常備軍を持つ必要もなく、人びとは島国の平和を楽しんでいた。軍隊の編制を始めたとき、両軍ともに主体になったのは、貴族やジェントリという地域社会の主人公たちが、自発的に自分で費用をだして作った部隊であった。隊長がアマチュアなら兵士もアマチュアであった。したがって指揮系統はたてまえとしては整えられたものの、個々の部隊の隊長は自分に不利になる命令は拒む傾向があったため、一貫した作戦行動はとりにくい欠陥があった。ことにさきの「民兵条例」で議会軍の主力になった各州の民兵隊は、州の自衛軍という性格上、自州防衛を第一にして、州の外に出て戦うことを好まなかった。

一六四二年の夏に始まって四六年の初夏にひとまず終結をみた「第一次内乱」は、だいたい二つの時期に分けることができるが、その前半では内乱の主導権は完全に国王側に握られており、議会側は守勢一方であった。地理的な戦闘配置からいえば議会側のほうがはるかに有利であったはずである。国内の富の大半を握っているロンドンをおさえており、また重要な港も船船も議会側についたので、海上支配権も議会のものであり、物的・人的資源の点ではるかに国王側をしのいでいた。それなのになぜ守勢に立たねばならなかったのであろうか。

❖エッジヒルの戦い

国王軍は、最初西部地方をおさえる作戦にでて、態勢を整えウースターに向かった。そして、東南部をおさえて北進してきた議会軍との間に、一〇月二三日、ウォーリック南方のエッジヒルにおいて、最初の本格的な戦闘が行なわれることになった。両軍とも参加した兵力はそれぞれ一万四、〇〇〇ぐらいであったが、装備の点では議会軍のほうが優れていたといわれている。しかしこの戦闘で注目を集めたのは、国王の甥リュパート王子の指揮する国王軍の騎兵隊の働きであった。戦闘はこの騎兵隊の攻撃で開始された。リュパートの騎兵隊はまず議会軍の両翼をたたいたが、深追いしているうちに国王軍の歩兵部隊が議会軍の激しい攻撃を受けて苦戦に陥り、総指揮官のリンゼイ伯は負傷して捕虜になってしまった。そこにリュパートの騎兵隊がひきかえしてきて、やっとのことで国王軍の陣地のたてなおしに成功し、戦闘は翌日に持ちこされた。

リュパート王子

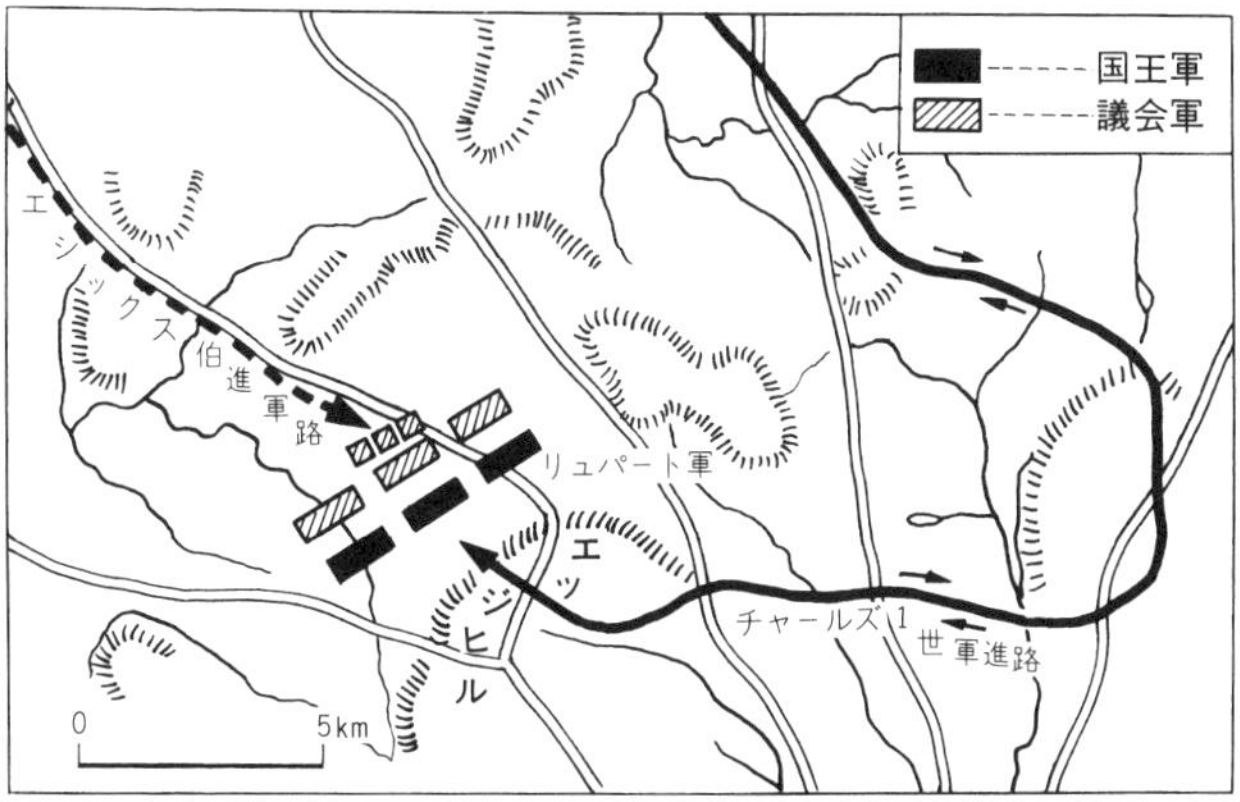

エッジヒルの戦い布陣図

夜があける前に、議会軍にはハムデンの騎兵隊が援軍として到着した。かれは司令官エシックス伯に攻撃の継続を懸命に説いたが、味方の騎兵隊に信頼がおけず、また昨日の損害にこりたエシックス伯は、これに肯《がえん》じなかった。こうして両軍とも決定的な勝利を握ることができないままで、この戦闘は終わりを告げた。

❖ロンドンの危機

しかし国王軍は退却した議会軍を追わなかった。攻撃の目標はもちろんロンドンにあったからである。一〇月二九日にオクスフォードを陥落させて、ここに本拠地をかまえ、ロンドンに向かって進撃を続けた。そして一一月一二日にはロンドンから西方にあまり離れていないブレントフォードまで兵を進めた。ロンドンは脅威にさらされた。ことの重大さに驚いた上流の市民の間には、改めて国王と交渉を開こうという動きもでてきた。しかし、ロンドンの民衆はあくまでも議会軍を支持した。ざんごうが掘られ、商店は扉を閉ざして、ものものしい空気がロンドンをつつんだ。呼びかけに応じて二万四、〇〇〇人にものぼる義勇軍が組織され、ターナム-グリーンの街道に国王軍を迎えうつ態勢を整えた。エッジヒルの戦いに参加した議会軍も、国王軍よりもさきにロンドンの危機を救うべく帰ってきた。歴戦のヴェテランとまったく未経験の義勇兵の混合部隊であった議会軍は、ともかくも数においては国王軍の二倍の兵力を有していた。この情勢を見て退路を断たれることを恐れた国王軍は攻撃をしかけることができなかった。翌日、数発の大砲を放っただけで、国王軍は本営のあるオクスフォードに向かって退き始めた。ロンドンの危機は救われたのである。しかしここでも議会軍は追いうちをかけて徹底的な打撃を与えることはできなかった。こうして冬にはいるとともに戦線は膠着《こうちゃく》状態に陥った。

❖戦闘の教訓

さきに部隊を編制して議会軍総司令官エシックス伯のもとに身を投じたクロムウェルはエッジヒルの戦闘に参加して、国王軍の攻撃をよくもちこたえ、議会軍の敗北を防ぐ殊勲《しゅくん》をあげた。議会軍にとっても、またかれ個人にとっても、つらい戦闘であった。しかし、かれはそこから多くの教訓を学びとった。戦闘が終わったとき、かれは同様にこの戦いに参加したハムデンに向かってこう語りかけた。

「われわれの軍隊はたいてい、よぼよぼな召使いや、酒場の給仕人といった連中なのだ。ところが敵の軍隊は、ジェントルマンの子弟や地位のある人たちだ。こんな下賤《げせん》な連中の精神で名誉と勇気と決意とを持っているジェントルマンに対抗することができると思うか。われわれは、精神を持った人たちを集めねばならない」。

議会軍の改革の必要性を見ぬき、その改革の推進者として働いた点に、クロムウェルがピューリタン革命の中心人物になった最大の理由が認められる。改革の必要は、個々の部隊の内部だけでなく、議会軍全体の構成、ことに主力をなす民兵隊がとりつかれていた悪しきローカリズムの打破に向けられねばならなかった。一六四二年暮ごろから遅まきながら、東部と中部の諸州で州連合軍の編制が始められた。「東部連合」は、最初ノフォク、サフォク、エシックス、ケムブリッジ、ハートフォードの五州をもって組織され、ついでハンティンドン、リンカンの二州が加わった。そしてグレイ卿が東部連合軍の指揮官に任ぜられ、クロムウェルは大佐の資格

国王軍の兵士

でこれに参加した。新しい編制の軍隊を心から欲していたかれに、絶好の働き場所が提供されたわけである。

❖東部連合軍とともに

クロムウェルは、東部連合の諸州をとびまわって資金、武器、兵員を集めるのに懸命であった。それとともにこの地方から国王派の残党を追い出すことにも比類のない活躍を示した。まさにかれの活躍によって東部連合諸州は議会派のゆるぎない地盤として固まっていったのである。クロムウェルにとって決して心をゆるした友達ではなかった一夫人でさえも、それを認めざるをえなかった。彼女はこう書いている。「いまや（一六四三）イングランドのすべての州は、ぼんやりと傍観することをゆるされなかった。内乱という悲劇の数幕が演じられたのであった。ただ例外は東部連合諸州であった。そこではオリヴァ＝クロムウェル氏の骨身を惜しまぬ活動が国王派のたくらみを阻止したからである」。

そしてクロムウェルの部隊も着々と兵力を増していった。あとで詳しくみるようにこの部隊は厳格な規律をもって知られ、またクロムウェルの奔走《ほんそう》によって装備も優秀であり、とくにそれが騎兵ばかりで編制されている点に、ほかには見られぬ特色を持っていた。こうなるとかれがいたずらに東部連合諸州内の地盤の確保だけに時が費やされるのに満足しているはずがない。

かれは前進を欲した。進んで国王軍の支配する地域にはいり、ことに北部をおさえていた国王軍を駆逐《くちく》しなければならない。四月のはじめ「クロムウェル大佐麾下《きか》のケムブリッジ部隊は用意万端を整えて総司令官の呼びだしと指図を待っている」と伝えられた。だがここでも議会軍総司令官エシックス伯は攻撃命令を下すことを躊躇《ちゅうちょ》した。そして国王軍にさんざん時をかせがせたあげくに、五月になってからやっと中部・東部の連合軍に、総攻撃を命令した。勇躍前進したクロムウェルの部隊は五月一三日グランサムというところで二倍の兵力を持つ国王軍を打ち破る大殊勲をたてた。これは決して小さな勝利ではなかった。議会軍が内乱を勝ちぬくためにはどうすればよいかを、クロムウェルの軍隊が如実に示したからである。

しかしロンドンをおさえていない不利を悟った国王軍は、ロンドンめざしてふたたび攻撃の態勢をとり、東部連合諸州の地盤にもしばしば侵入してきた。クロムウェルのいくつかの小さな勝利にもかかわらず、議会軍は劣勢に陥った。そこでクロムウェルは第一線にしばらく別れを告げて兵員の補充に専心した。八月になると、第二代目マンチェスター伯を総司令官にして一万の歩兵と五、〇〇〇の騎兵からなる東部連合軍があらたに編制されることになった。それに参加したクロムウェルはさっそく騎兵隊をひきいて国王軍の地域の深くまで攻め入りハルで包囲されていたフェアファックス部隊を救いだすことに成功した。クロムウェルとフェアファックスの二つの部隊はマンチェスター指揮の本隊に合体するために、リンカンシアを国王軍の手から取りもどそうとした。

❖騎兵の新戦術

国王軍と東部連合軍は、一〇月二一日、ウィンチビーというところでぶつかりあった。それはまことに血なまぐさい戦闘であった。またがっていた馬が殺されてクロムウェルは地上に投げ出されてしまった。立ちあがろうとするかれに、さらに敵兵からの一撃が加えられる。だがかれは差し出された別の馬に乗りかえて攻撃を続けた。たたかれてもたたかれてもひるむことなく前進し続けるクロムウェルの騎兵隊、これがこの戦闘の勝因であった。国王派のクラレンドン伯はその『大反乱の歴史』のなかで書いている。

「国王軍は攻撃の点で優れており、攻撃したものを総くずれにさせたけれども、ふたたびきちんと勢ぞろいすることはなく、いわんや同じ日に二度目の攻撃をかけることはできなかった。ところがクロムウェルの軍隊に優れている点があるとすれば、打ち負かされちりぢりになってもすぐにまた集合し、新しい命令が下されるまで整列し続ける点である」。

まえにもみたようにイギリスの内乱は、戦術上機動性にとむ騎兵のほうが圧倒的に有利であることを示した。しかもこの騎兵の戦術でまったく新しいものを実戦に使って成功したのがクロムウェルであった。敵の隊列深くつっこんで敵が隊列を乱すとさらに追跡を続けて敵の後陣にひかえていた補給部隊にまで到達し、物資を掠奪して敵の息の根をとめる、というのが、「馬に乗ったジェントルマン」たる国王軍を含めてこれまでの騎兵隊の戦術であった。ところがクロムウェルの戦術は違っていた。攻撃にあたっては戦列をくずさずに完全に一隊となって命令に従って右に左にと動き、敵の背後にまわってもふたたび戦列を整えて振りむきざまに突撃をかける。そして騎兵隊が通りすぎてほっとした敵の背後からあらたな攻撃を加える。個人プレーではなしに密集した騎兵隊の集団行動、これがクロムウェルの戦術であった。

マンチェスター伯

もっともこの戦術は、クロムウェルの創意によるものではなく、すでに大陸で戦われていた三〇年戦争において「北方の獅子」の勇名の高かったスウェーデン王グスタフ＝アドルフ（在位一六一一―三二）がとった戦術であったといわれている。大陸がえりの歴戦の職業軍人ならともかく、一介《いっかい》の田舎のジェントルマンにすぎなかったクロムウェルが、どうしてこの戦術を知り、しかもそれを実戦で使うほどにマスターしていたのだろうか。これはまったく謎である。ただ考えられるのは、チャールズの親政時代に片田舎で地主の生活を送っていたクロムウェルの耳にも、大陸からのニュースはもたらされ、ことにそれが「宗教」戦争であっただけに少なからずかれの関心をかきたてたであろうことである。一六三〇年ごろからイギリスでも、グスタフ＝アドルフの勇敢な戦いのさまを記述した戦書が出版されたと伝えられているが、クロムウェルがこれを愛読したかどうかは分からない。とにかくかれはなんらかの方法によってグスタフ＝アドルフの騎兵戦術を知っており、それをかれが参加することになった内乱において実際に使ったのであった。しかしこの戦術は、指揮官の作戦、力量もさることながら、その指揮に応ずることのできるきびしい訓練と規律を持った部隊あってこそのはなしである。どのようにしてクロムウェルはこのような部隊を作り上げることができたのだろうか。このことのほうがより重要な謎といえるだろう。

❖東部連合軍副司令官

だがこの謎の解明にとりかかるまえに、いくつかの戦勝によってクロムウェルの地位も変化していったことにふれておかねばならない。それは二つの事実に明らかに認められる。第一は四四年二月につくられた戦争遂行のための議会側の最高委員会の一員にかれが選ばれていることである。これまでもこの種の委員会はあったが、かれはそのメムバーではなかった。また第二のそれは、同年の一月にあらたにクロムウェルはマンチェスター司令官のもとで東部連合軍の副司令官に任命されたことである。こうしてようやくクロムウェルは内乱指導の中枢部にはいりこんでいったのである。もっともかれの台頭の背後には、一六四三年が議会派のリーダーの交替期であったという事実を見おとすことはできない。これまで文字どおり議会派の最高指導者であったジョン＝ピム――国王ピムの異名すらたてまつられていたかれが、四三年の暮に病気で死んでしまった。それよりも半年前にかの船舶税事件のヒーロー、ジョン＝ハムデン――クロムウェルが従兄としても敬愛し指導を受けていたかれが、戦闘で傷ついて倒れ、ついにかえらなかった。こうした事情があって、議会派の第一線には若い世代の人びとが押し出されてきたのである。クロムウェルもその一人であった。

❖クロムウェル部隊の特徴

ピューリタン革命における軍隊の歴史は、六〇人に始まったクロムウェルの騎兵隊の拡大の歴史でもあった。優勢な国王軍、「馬に乗ったジェントルマン」に対抗するために、クロムウェルが強調したのは「精神」の持ち主を集めねばならないということであった。かれの軍隊に従軍牧師として参加したこともあるバクスターはその『自叙伝』につぎのように書いている。「はじめて議会軍にはいったとき、クロムウェルは騎兵の一隊長にすぎなかったが、信仰の厚い人を自分の部隊に入れるように特別の注意を払った。そのような人たちこそ普通の兵士よりも理解力に優れており、そのため戦争の重要性を知って、その結果を本当に心配していたからである。……クロムウェルがこういう人たちを軍隊に選んだ主な動機は、かれが信仰に厚い人を尊重し愛したからである。そして当時の兵隊にはつきものの無秩序とか上官に対する反抗とか掠奪《りゃくだつ》といった、軍隊に対する苦情のたねを避けた。こういうやり方で、かれは予想以上に成功を早めたのである」。

事実、クロムウェルは兵士たちに、当時の戦争にはつきものであった掠奪行為を固く禁止し、逃亡を企てたり上官に反抗したりしたものを厳罰に処した。また、賭事《かけごと》にも罰金が課せられ飲酒でさえも重営倉行きであった。これは野放図《のほうず》だったほかの部隊と比べればまさに驚くべきことであった。いったいどうしてそれが可能だったのだろうか。

❖聖者の軍隊

クロムウェルの強調した「精神」とは、ピューリタニズムの信仰にほかならなかった。クロムウェルの兵士たちは、『兵士のための携帯聖書』をポケットにおさめて戦場にのぞみ、その余暇にはとり出して読みふけった。また『兵士のための問答』というパンフレットも作られていたが、それはいっそうはっきりと、兵士たちの戦いの目的がなんであるかを、教えていた。それにはつぎのように書かれていた。

一、私は戦う。国王を教皇派（カトリック）の手から救いだすために。

二、私は戦う。この国に恣意的で専制的な政府を実現しようと長い間努めてきた人たちによって、いまや崩壊の危機に瀕している、わが国の法律と自由のために。
三、私は戦う。われわれの議会を守りぬくために。
四、私は戦う。いまやこの国において激しく反対されまったく抑圧されようとしている、真実のプロテスタントの信仰を守るために。

いったいなんじの敵はいかなる人びとなのか。神はつぎのような理由でかれらを成功せしめることはないであろうか。

一、かれらはその大部分は教皇派（カトリック）であり、不信心者であるから。
二、かれらは一般に大部分はこの世においてもっともおそるべき不敬の言をはく連中であるから。
三、かれらは神の敵、敬神の力の敵であり、それゆえに神は

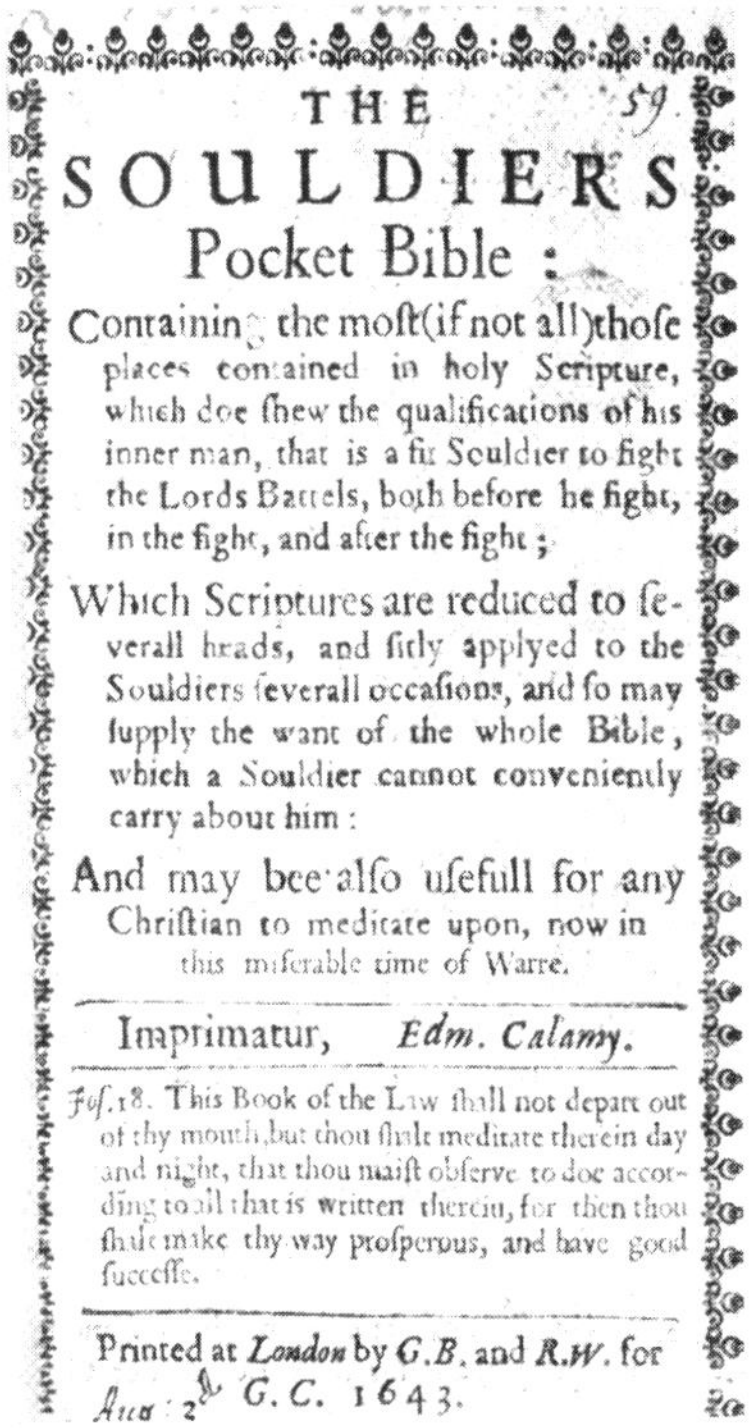
THE 59

SOULDIERS
Pocket Bible:

Containing the moſt(if not all)thoſe places contained in holy Scripture, which doe ſhew the qualifications of his inner man, that is a fit Souldier to fight the Lords Battels, both before he fight, in the fight, and after the fight;

Which Scriptures are reduced to ſeverall heads, and fitly applyed to the Souldiers ſeverall occaſions, and ſo may ſupply the want of the whole Bible, which a Souldier cannot conveniently carry about him:

And may bee alſo uſefull for any Chriſtian to meditate upon, now in this miſerable time of Warre.

Imprimatur, *Edm. Calamy.*

Joſ. 1. 8. This Book of the Law ſhall not depart out of thy mouth, but thou ſhalt meditate therein day and night, that thou maiſt obſerve to doe according to all that is written therein, for then thou ſhalt make thy way proſperous, and have good ſucceſſe.

Printed at *London* by *G.B.* and *R.W.* for *G.C.* 1643.

兵士のための携帯聖書

かれらを追いちらすことであろうから。

また、兵士たちはつぎのような讃美歌を歌いながら国王軍に対して馬を進めたのであった。

神はわれわれらに名誉を与えはじめ
聖者は進軍してゆく
剣はするどく、矢ははやく
バビロンをうちこわすために

これがクロムウェルの兵士たちの心に深く根をおろした革命の大義であった。自分たちは聖者であり、戦いは「聖者の進軍」にほかならないのだ。軍隊づきの牧師ははっきりと断言している。

「戦いが始まって以来、われわれの心にずっとあったのはつぎのことだ。すなわち、国王とかれの仲間は邪悪な連中であり、かれらの持っている地位や権力にふさわしくない。ところがわれわれは聖者なのだ。……そして聖者はこの地上においても高い地位を持つべきであり、いまこそはそうなるべきときだ。われわれをのぞいては、人間を裁き治めるのにふさわしい人はいない」。

ここには一見しても明らかなように、自分たちは絶対に正しいのだ、そして敵は絶対に邪悪なのだ、という確信が強く支配している。言葉をかえれば、妥協をゆるさずに敵と味方とをきびしく対立させ区別する見方が貫かれている。こうした激しい敵対意識から、不撓不屈《ふとうふくつ》のエネルギーが生まれてくるのであろう。たたかれてもたたかれても屈伏することを知らないクロムウェル軍は、こうして成長してきたのであった。クロムウェルは自分の部隊がめざましい成長をとげたことにまったく満足であった。「私の部隊は刻々増えつつあります。それは愛すべき部隊です。もしもごらんになったなら尊敬の気持ちを持たれることでしょう。……かれらは再洗礼派には属さず、みな正直でまじめなクリスチャンです」と、かれは誇らしげに友人に書き送っている。

❖軍隊とセクト

しかしながらクロムウェルの「聖者の軍隊」の編制は、何らの抵抗も受けずにスムースに進行したのではなかった。右の手紙のなかでかれが、再洗礼派は自分の部隊にいないとわざわざ断っているのが、その一つの証拠である。「再洗礼派」とか「ブラウン主義者」あるいはそれらの総称である「セクト」といった呼称は、一七世紀においては、既存の社会体制を破壊する、いわばかつての「赤」と同様のニュアンスで用いられており、国王派のみならず議会派のなかにも、クロムウェルの部隊の士官にこのような分子がまぎれこんでいることを非難する声が絶えなかった。じっさい一六四〇年に国教会の権力に壊滅的な打撃が加えられると、社会の下層階級を主体とするセクトの運動がいっせいに堰《せき》を切った水のように溢れでてきた。民衆のセクト運動は、カトリックとプロテスタントの対立に第三勢力として働き、ピューリタン革命に、そしてクロムウェルの生涯にも、決定的な影を落とすのである。

❖国家に奉仕する気があれば充分

さしあたってこの問題は、士官の選抜というかたちで現われた。この問題にふれるクロムウェルの発言には、かれの苦悩が濃く現われている。「どんな騎兵隊長を選んで馬に乗せるかに注意して下さい。……もしも信心深い正直な人が騎兵隊長に選ばれたら、正直な人たちがあとに続くでしょう。……ジェントルマンと呼ばれるだけでそれ以外のなにものでもないような人間よりは、なんのために戦うかを知っており、また知っていることを愛する質素なあずき色の毛織物の服を着た隊長を、私は持ちたいのです」。ところが同じ月に同じ州委員会にあてたかれの手紙はつぎのとおりである。「あんな平民が騎兵隊長になったのをご覧になって立腹される方があるかもしれません。私じしんも、名誉と家柄のある方がこの仕事につかれたらよかったのに、と思います。だがなぜそんな方は現われないのでしょう。だれが邪魔しているのでしょう。しかしこの仕事を進めるのが必要とわかった以上、平民であってもだれもいないよりはましです」。また数か月後、ある士官が再洗礼派に属しているという理由で解職されようとしたとき、クロムウェルはつぎのように弁明している。「かりにかれが再洗礼派であるとしても、それだからといって公共のために奉仕できないということがあろうか。……国家がそれに奉仕する人を選ぶにあたっては、その意見などはどうでもよいことであって、国家に忠実に奉仕する気があればそれで充分である」。この最後の発言には、当時としては驚くべき近代的な原理が脈打っている。このクロムウェルの寛容の主張は、果たしてかれの本心であったのであろうか。クロムウェルの再洗礼派などのセクトとの関係を知るためには、セクトとは何かを問わねばならない。

❖セクトの原則

セクトは、まず第一に、教会というものを真に信仰に目覚めた信者が自発的に集まるものと考え、すべての人に神の恩寵を保証する従来の教会のあり方を批判する。第二に教会内の儀式とか規律を行なう権限は、個々の教会が持つべきであって、中央からの全国的な統制に従う必要はない、とかれらは考える。そして第三に、教会内においては会衆全体の責任において厳格な道徳的規律が守られねばならない、とする。

こうみてくると、クロムウェルの軍隊は、まさしくセクトの原則に従って編制されていたことがわかるであろう。それは何よりもまず国王軍を信仰の敵と考える「聖者」たちの自発的な結合であった。しかもかれらはお互いの責任において他から非難を買うような行為はいっさい慎しみ、また戦闘においては指揮官の命令のままに敏捷《びんしょう》な行動をとった。とりわけ兵士たちは、説教の自由という要求を熱烈に支持し、正式の聖職者だけに説教を認める当時のしきたりを否定して、露営の最中にも説教を試み、皆で討議しあった。このようにセクトの精神を軸にして軍隊の革命意識は高まっていったのである。

ニューモデル軍の誕生

❖長老派と独立派

四三年夏に一つの重大な転機が生まれた。大局的にみて依然として戦況が不利であった議会側に、かねてから接触のあったスコットランドから援軍を求めようとの声が強くなったからである。ところが軍事的援助というイングランド側の期待に反して、スコットランドが要求したのは宗教的な同盟――国教会の代わりに長老教会主義に立つ全国的な教会体制の樹立であった。長老派と独立派の抗争がここに生まれる。長老派も独立派もその起源はエリザベス朝のピューリタンにたどることができるが、前者にはロンドンの大商人や貴族に支持者が多く、この段階で議会側の実権を握っていた。一方独立派はみずからは長老教会主義と分離主義（ブラウン派）の「中道」に立つと称していたが、その名のとおり各個教会の自主独立を主張し、他の教派に対しては幅広い寛容を主張し、長老派よりも下に支持層が多かった。問題はこの両派の教会制度に対する考え方の違いが、じつは革命に対する姿勢の違いを生んでいる点にある。長老派のように全国的な教会制度に固執する姿勢は、国教会の下部組織はそっくりそのまま温存・利用しようとするものであり、したがってすべての社会秩序を破壊しようとするものではない。いなむしろ革命がよりいっそう過激化すれば、元も子も失ってしまう恐れさえある。それゆえに適当なところで戦闘を終結させて、国王軍と和を結ぶのが必要であると考えられた。一方セクトの原理に立てば、自発的な結社としての組織の自主・独立のためには、あらゆる既存の血縁・地縁といった関係を断つことが必要であり、この姿勢をつきつめていけば、古い社会秩序を全面的に解体して新しいものを作ろうとする要請が生まれてくる。この両者の「中道」を称する独立派の立場は微妙であった。政治党派としての独立派は、内乱の勝利のためにはスコットランドの援助を必要と判断したが、長老主義教会体制という代償を求められて、宗教上の独立派と結んだのであった。国王軍に対する徹底抗戦をかねてから主張していたクロムウェルは、その一員であった。しかし完全な勝利のためには、自派よりも左に位置する諸セクトに結集する社会層と共同戦線を結ぶことが不可欠であった。クロムウェルが士官選抜にみせた寛容の主張はその現われであった。じつにクロムウェルの軍隊は、独立派とセクトとの共同戦線の場であったのである。

アレクサンダー=レスリー

❖マーストン=ムアの戦い

「厳粛な同盟と契約」と題されたスコットランドとの同盟は成立し、四四年一月、レヴェン伯アレクサンダー=レスリーを総指揮官とし、デヴィッド=レスリーの騎兵隊を中核とするスコットランドの大軍が、議会軍を援助するために、国境をこえて進撃してきた。北部の戦局は動き始めた。

腹背に敵を受けた国王軍はヨークにたてこもって援軍を待っていたが、四四年七月二日、ヨーク西方のマーストン=ムアというところで、二万六、〇〇〇の議会軍と一万七、〇〇〇の国王軍という未《み》曽《ぞう》有の大兵力がぶつかりあった。これは

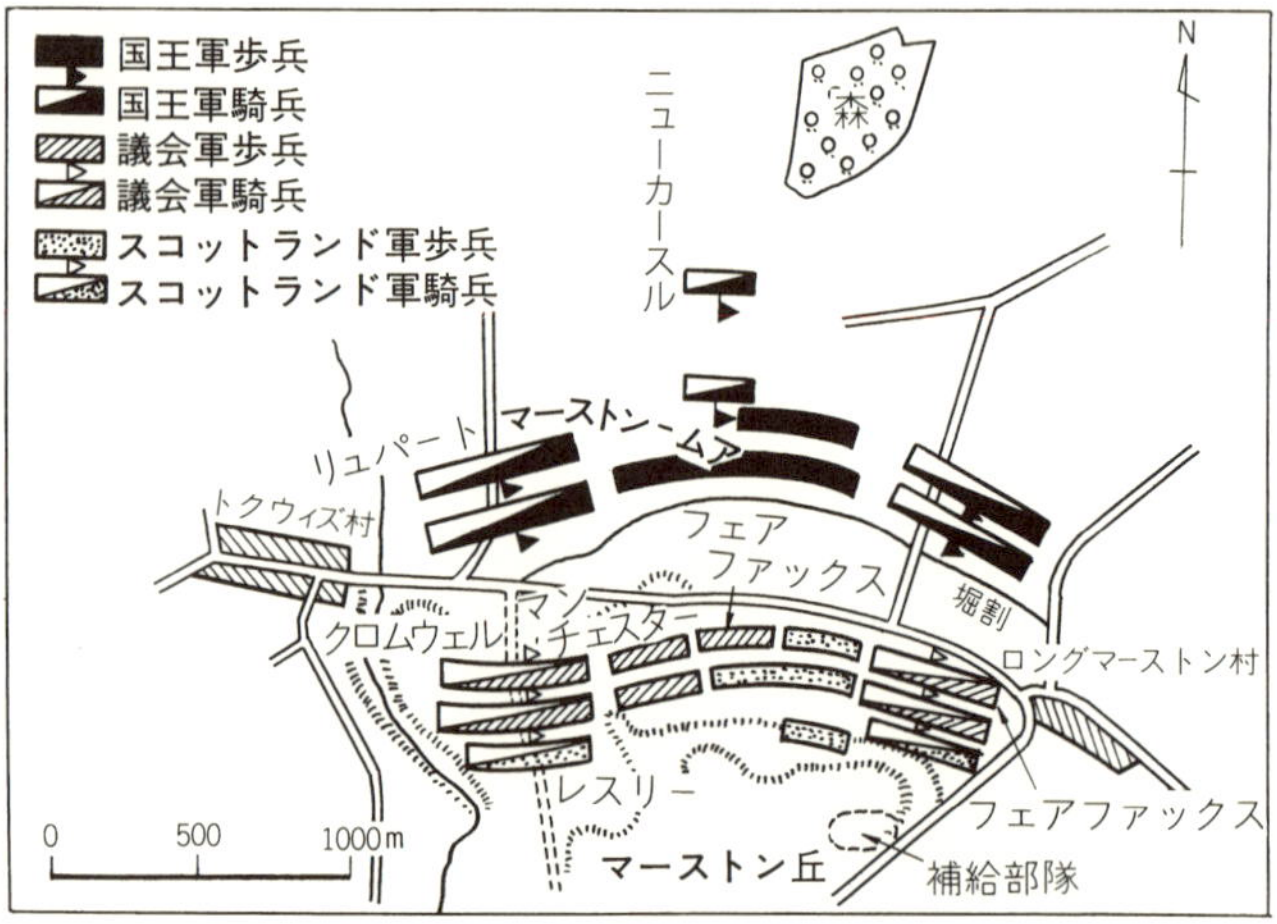

マーストン-ムアの戦い布陣図

内乱の帰趨《きすう》をかけた重大な戦闘であった。上の地図に示されているように、両軍とも歩兵を中心にしてその両翼に騎兵を配置する布陣をとったが、クロムウエルは約一、七〇〇の騎兵と約一、〇〇〇の竜騎兵（小銃をもった騎馬歩兵）をひきいて議会軍の左翼にあった。すでに軍人としてのかれの武名は轟いていた。戦闘の始まる前に敵将リュパート王子は、捕虜に向かって「クロムウェルは来ているのか」とたずねたといわれている。

両軍が相対峙《あいたいじ》したままこの日は暮れていった。議会軍の陣地からは兵士たちが集まって讃美歌を歌っているのが聞こえてきた。国王軍は今日はもう敵襲のないものと考えて、食事をとったり露営の準備に忙しかった。しかし夕やみにまぎれて議会軍は行動を開始し、クロムウェルの騎兵隊がまっさきに敵の右翼に襲いかかった。国王軍が態勢をたてなおすまもなく、第一線は打ち破られ、クロムウェル軍は敗走する敵を追って敵陣深くなだれこんだ。だが国王軍のなかでもっとも勇敢をもってなっていたリュパート軍の抵抗も激しかった。クロムウェルは、体のすぐそばでピストルを発射されたため、首に負傷をおった。まさに危機一髪であった。幸運にもそこにクロムウェル軍のうしろにいたレスリー軍が救援にかけつけ、負傷したかれを救いだすとともに、さらに敵に対して追撃をかけたのである。

ニューカースル伯

❖クロムウェルの決断

激しい戦闘でちりぢりになっていた部下をふたたび集合させたクロムウェルが、周囲の情勢を見わたしてみたとき、かれが見いだしたのはまったく苦戦に陥っている議会軍の姿であった。右翼のフェアファックスのひきいた騎兵隊は敵の騎兵隊によっていためつけられ、レヴェンの歩兵隊も打ち破られて隊長みずから戦場を捨てて退却中のありさまであった。わずかに攻撃の成功したのは左翼のクロムウェルの騎兵隊とクロフォードの歩兵隊のみであって、議会軍の右翼はまさに崩壊の一歩手前にあった。

勝負の帰趨を決したのは、この直後におけるクロムウェルの決断であったとは、多くの戦史家の認めるところである。かれは敵軍を追跡中のレスリー部隊を呼びもどすと同時に、みずからは歩兵隊の背後を通って敗走中の味方の軍勢を拾い集めて、一気に敵の左翼の騎兵隊に決戦をいどんだ。それはちょうど前進していた敵軍を側面から攻撃するかっこうになったので、勝負はごく短い時間で決定してしまった。そこでクロムウェルは方向を変えて、敵陣の中央に位置していたニューカースル軍に攻撃をしかけた。もはや決戦の運命は決定的に議会軍のものであった。ニューカースル軍は、騎兵の援助をえられないままに、まさに壊滅的な打撃を蒙り、議会軍は完全な勝利をおさめた。敵の損害は死者四、五〇〇、捕虜一、五〇〇にのぼったといわれている。

❖鉄騎兵の勝利

「戦闘開始以来はじめてわれわれに与えられたこの偉大な勝利において、主の大きな恵みがイングランドと神の教会にもたらされたのです。完全な勝利の証拠ばかりですが、それは主が信仰厚き人たちだけに与えたもうた祝福によってえられたものなのです。……神はあたかも敵軍をわが剣の前には切り株同然にしたもうたのです」。戦勝直後に書かれたクロムウェルの手紙の一節である。自分の軍隊こそは神が聖業達成のために選びたもうた「道具」であるという確信が、いちだんと強くなっていることを、この手紙から読みとれるであろう。

いったんは敗北を喫するかと思われた議会軍は、こうして勝利を獲得し、北部地方の支配権を握ることができた。この運命的な決戦の最大の貢献者がクロムウェルであることは、疑いのない事実であった。しかし、議会軍の首脳たちは自分たちに不利なことにはあえて目をつぶって、議会へ戦闘のもようを知らせた公式報告にはクロムウェルの名前すらもあげなかった。むしろヒーローはクロムウェルの窮地を救ったレスリーである、クロムウェルは負傷するや戦場を見捨ててしまったくらいだ、という悪質なデマさえ流された。なにしろレスリーは長老派のスコットランドから派遣された将軍だったからである。しかしこうしたみにくい画策に比べると、敵の将軍のほうがはるかに公平な判断を下していた。戦闘が終わったのちに、リュパート王子はクロムウェルに「アイアンサイズ」というあだ名をつけたといわれている。この言葉はかれの部隊は「鉄のような側面」を持っているという意味であったが、のちにかれの騎兵隊の異名として名高くなった。まさに「鉄騎兵隊」こそ、この勝利の原動力だったのである。

❖議会軍の欠陥

マーストン-ムアにおける輝かしい勝利ののちに、もしも議会軍がそのままの態勢で戦闘を続けたならば、完全な勝利を獲得するのはたやすいことだったであろう。しかし、いっしょにこの戦闘に参加した議会軍も、戦闘が終わるとふたたび別れ別れになってしまった。ここに議会軍の悲劇があった。司令官たちは議会からの命令をきかずに、スコットランド軍は自分たちの国境に近い北に向かって軍を進め、フェアファックス軍はヨークに留まり、またマンチェスター伯の東部連合軍は東部に帰り、ただ無為に日々を送っていた。それぞれの部隊が出身地域に固執するという悪しきローカリズムはまだきわめて露骨であった。

そのため北部における勝利にもかかわらず、全体としてみるならば、議会軍は苦戦を続けていた。西部にいた議会軍総司令官エシックス伯は、依然として決戦を避けていたため、逆に反転して攻めこんできた国王軍に南西部のコンウォールの先端まで追いつめられて、エシックスだけは辛うじて船で脱出するありさまであった。九月一日のことである。

翌一〇月には中部のニューベリの戦闘においても、議会軍は国王軍の二倍の戦力を有しながら、指揮系統がばらばらで勝機を逸してしまった。ことにマンチェスター伯は、追い討ちを主張したクロムウェルらの申し出を冷やかに拒絶して、傍観者的な態度をとり、国王軍の退却を容易にした。「私の部隊は、東部連合によって東部連合を防衛するために徴募されたものだ。だからその同意がなければ、たとえ議会の命令といえども従うわけにはいかないのだ」というのが、マンチェスター伯のいい分であった。

❖マンチェスター伯批判

みじめな敗北を喫した総司令官エシックス伯が命からがら逃げおおせるという事態に、議会の委員会ももはや傍観しているわけにはいかなくなった。一方、軍隊のなかでもクロムウェルに同調して首脳部を批判する声が高まってきた。一一月の軍会議ではつぎのような激論がかわされたと記録は伝えている。

マンチェスター伯はこういった。「もしもわれわれが国王を九九回破ったとしても、かれは依然として国王であり、かれの子孫もやはり国王となるであろう。しかし、もしも国王がわれわれを一度破ったならば、われわれはみな絞首刑に処せられ、子孫は奴隷にされてしまうであろう」。この言葉に、クロムウェルはもはや部下という地位も忘れて憤然と立ちあがった。「閣下、もしもそうなら、なぜ、われわれは最初に武器をとったのですか。お言葉では今後いっさい戦うことには反対だ、ということになります。もしもそのくらいなら、どんなに屈辱的なものであっても国王と和を結ぶほうがましでしょう」。

ついで一一月二五日、軍の実情を報告するために議会の本会議場に立ったクロムウェルは、マンチェスター伯攻撃の火ぶたを切った。彼の脳裡に、これまでみてきたような自分の故郷で展開したクロムウェル家とモンタギュ家（マンチェスター伯）との宿命的な対立が、尾を引いていなかったとはいいきれない。しかし今の問題はそれではなかった。「伯爵はいつも戦闘に気のりがせずしりごみしがちであって、内乱を武力で終わらせることに反対であった。……かれは、敵軍に新しい利益を与えるように自分の軍隊を導き、その態勢に留めておいたのだ。しかも、ほかの議会軍と協議もせずに、かれ自身の絶対的な意志によって作戦会議を開かなかったり、あるいはその意志に反して、また議会の最高委員会の命令にそむいて、しかもその命令を軽んじたりけなしたりして、そういう態度をとったのだ」。

❖ 貴族院対庶民院

クロムウェルのマンチェスター伯攻撃は、議会派のなかにひそんでいた二つの党派——あの独立派と長老派の対立を、白日のもとにさらけだすことになった。問題がこういうかたちで進展をみせたので、こんどは長老派の人びとがクロムウェルに攻撃を加えようとしたのは、いわば当然であった。貴族院で自己弁護に立ったマンチェスター伯は、あらんかぎりの中傷をクロムウェルに投げかけた。たとえば、かつてクロムウェルが、イギリスに一人も貴族がいなくなることを望むといったとか、スコットランド軍と一戦まじえることもいとわないといったとか、こういうたぐいの例をいくつもあげて、クロムウェルに対する反発と敵意をかりたてたのであった。貴族たちの牙城であった貴族院はまた長老派の牙城でもあった。かれらは一致してマンチェスター伯を支持した。

一方、庶民院はクロムウェルの立場を正しいものと認めたので、ここに争いは貴族院対庶民院という新しいかたちをとるようになった。そして議会軍総司令官エシックス伯を中心にして、自分たちにとって危険きわまる存在であるクロムウェルを軍隊から追い出してしまおう、という陰謀がたくらまれた。しかし相談を受けたある法律家は「副司令官クロムウェル将軍は庶民院と貴族の一部に多くの支持者と勢力を持つ人物であります。したがいましてかれを扇動家であるとして裁くよう議会を説得するには、かれに不利なもっとも明白な証拠がなければなりません」と答えたといわれる。

もはやクロムウェルは、たやすくは否定することのできない地盤を確保していたのである。名目上は東部連合軍の副司令官にすぎなかったが、徹底的な抗戦を主張する独立派の事実上の戦闘指導者であった。そして自分にふりかかる中傷や非難をじっと耐えて、時を待っていた。

❖軍改革の提案

一二月九日、満場の議員を前にして、これまでの議会軍の内情調査の報告が行なわれたが、「対立の主な原因は高慢と強欲にある」というのがその結論であった。クロムウェルの待ち望んでいた時がやってきた。かれは議席に立ってじゅんじゅんと語り始めた。

「今こそは口を開くべきときか、さもなくんば永久に沈黙を守るべきときである。今なすべき重要な仕事は、かくも長く続いた戦争のために血を流し、いや瀕死《ひんし》の状態にある国民を救いだすことをおいてない。したがって戦争を迅速に力強くかつ有効に遂行しなかったならば……

この王国はわれわれにあきあきしてしまい、議会という名を心から嫌うようになるだろう」。もはや司令官たちとその戦術に非難をあびせかけることで満足することをゆるさない事態なのだ。「軍隊が根本的に改造され、戦争を断固として遂行しなければ、もはや国民は戦争に耐えることができず、諸君に不名誉な講和を強いることになるであろう。……それゆえに事態の真の原因について徹底的な調査を加え、われわれを救う方法を講じること、これがもっとも必要なのだ。だから両院の議員各位が、公共の福祉のために、自分のことやまた私的な利害を捨てることをためらわず、この重大なことがらで下された議会の決定を、自分にとって不名誉なものとは考えないような、真のイギリス人の心、母国の公共の福祉のための愛情を持ってくださることを、私は心から願うものである」。

具体的な方法については述べられなかったが、クロムウェルの意のあることは明白であった。徹底的に内乱を勝ちぬくために、妥協的な戦争指導を退けて指揮系統の一元化をはかること、これである。クロムウェルの演説が終わるとすぐに、一つの決議が提案された。それは議会の両院の議員が軍職を兼ねることはできないようにしようという内容のものであった。この決議が、エシックス伯、マンチェスター伯などの長老派に属する軍司令官を軍隊から追放することをねらったものであることはいうまでもない。それゆえにこの決議が「辞退条令」として法律になるためには、貴族院の執拗《しつよう》な反対を受けねばならなかった。

❖ニューモデル軍の編制

一六四五年二月、新しい議会軍の構成を定めた条令がだされて、それはニューモデル（新型）軍と呼ばれることになった。これまで議会軍の主力部隊であった三軍（エシックス軍、マンチェスターの東部連合軍、ウォーラーの西部軍）は、一つに合体されて、指揮系統の一本化がはかられ、総司令官には議会における党派争いで中立の立場にあったことと、北部における戦闘経験を買われて、サー＝トマス＝フェアファックスが就任した。またその構成は、騎兵隊一一（各六〇〇人）、竜騎兵隊一（一、〇〇〇人）、歩兵隊一二（各一、二〇〇人）の計二万二、〇〇〇の兵力からなるものであった。

ニューモデル軍の編制は、革命の進行上、画期的なものであった。第一にそれは、編制事情から明らかなように、議会軍の最大の弱点であったローカリズムを否定するのが目的であったから、地方ごとに部隊の費用を分担することはやめて、全国的な税によって経費が支払われることになり、革命のための国民軍が誕生することになる。第二にそれは、スコットランドの援助を頼らず、また同時に長老派も退けて、独立派が主導権を握った軍隊であった。そして第三に、ニューモデル軍の士官たちは、これまでのように議員や貴族の兼職ではなく、純粋に軍事的才能によって選抜され、したがって戦闘に専念する職業軍人的な性格を強めた。アマ

ニュー-モデル軍の兵士

チュアの軍隊によって戦われていた内乱に、大きな転機が訪れたわけである。

だがニュー-モデル軍の編制は、遅々として進まなかった。その間に国王軍は依然として策動を続けており、クロムウェルも三月以来、中央における新しい政治の進行をあとにして西部に遠征し国王軍と戦っていた。そして四月一九日にはウィンザーにあった議会軍の本営に帰ってきて、やっと成立した「辞退条令」にもとづいて辞任することを新しい司令官フェアファックスに正式に申し出たのであった。それは「辞退条令」の口火を切ったクロムウェルにとっては当然の行動であった。自分が苦心して育てあげた「鉄騎兵隊」は新しい軍隊の中核となり、議会軍全体がその方式で編制されようとしている。安心して後事を新しい指揮官にゆだねて、自分は議員の仕事にもどろう。これがクロムウェルの心境であった。

❖副司令官に就任

ところが翌朝、議会の委員会は、かれにふたたび戦場におもむくことを命じた。国王軍が行

トマス=フェアファックス

動を開始したのに、議会軍には即座に役にたつ戦力としてはクロムウェルの騎兵隊しかなかった。とりあえずそれで国王軍を牽制しておいて、あとはニュー＝モデル軍の編制が終わるのを待とう、というのが議会の作戦であった。クロムウェルはみごとにその期待にこたえた。そしてようやく準備なったフェアファックスはまず西部の議会軍の救援に向かったが、逆にその間隙をついて国王軍は五月末にはレスターを攻略し、東部連合諸州を攻撃する態勢を整えた。

ふたたび国王軍進攻の脅威にさらされて、クロムウェルを求める世論はわきたった。五月一〇日、議会は改めてかれの職務期限を四〇日間延長すると発表したが、ロンドン市会も議会に請願を送り、クロムウェルに自由な指揮権を与えるようにと要求した。六月一〇日、フェアファックスの軍会議は、欠員になっていた副司令官にクロムウェルを任命するようにと、議会に要請した。やっと庶民院もかれをニュー＝モデル軍の副司令官に正式に任命した。六月一三日、クロムウェルは六〇〇人の騎兵をひきつれてフェアファックスの本隊に合体した。「鉄騎兵が先頭に立つためにやってきた」と兵士たちは歓呼の声をあげた。これは実にネーズビーの戦いの前日のことであった。

❖ネーズビーの戦い

六月一四日のネーズビーの戦いは、文字どおり最後の決戦であった。相対する両軍の兵力は数において議会軍のほうがはるかにまさっていたが、国王軍には新編制の議会軍に対する自負心があり、一気に議会軍を押しつぶす作戦にでた。だが、またしても戦いを決めたのは、クロムウェルの騎兵隊の活躍であった。それは右翼に位置していたが、密集隊形を整えて傾斜を利用して敵の左側面をつき、さんざんにたたきのめすとともに、こんどは敵の中央にひかえていた歩兵隊に壊滅的な打撃を与え、国王軍は戦死一、〇〇〇人、捕虜五、〇〇〇人の犠牲を残して、ちりぢりになって敗走した。「クロムウェルの部隊はまるで奔流のように前にあるものをけちらした」と、この戦闘の目撃者は語っている。ネーズビーの戦いによって第一次内乱の勝敗はまったく決定的となった。

これからのち約一年間は、各地でばらばらの行動を続けていた国王軍をつぎつぎと打ち破ることに費やされた。「クラブーメン」と呼ばれる棍棒で武装した農民の集団も、ニュー-モデル軍によって一蹴《しゅう》されてしまった。一六四六年四月、事態がもはや決定的に不利であることを悟った国王は、変装に身をやつして本拠のあったオクスフォードをあとにしてスコットランド軍のもとに身を投じた。国王に見捨てられた国王軍は、六月二〇日、オクスフォードで議会軍に完全に降伏し、第一次の内乱は幕をおろすことになった。

❖神導きたもう

はじめは守勢一本槍で絶望的ともみられた議会軍は、みごとにその劣勢をはねかえして、最後にはついに勝利をかちとることができた。そしてこの経過に決定的な役割を演じたのがクロムウェルの「鉄騎兵隊」――「聖者の軍隊」であったことは、疑いもない事実であった。またこの勝利は、かれの軍事的な才能とともに、長老派の戦争指導の曖昧さを退けたかれの政治的

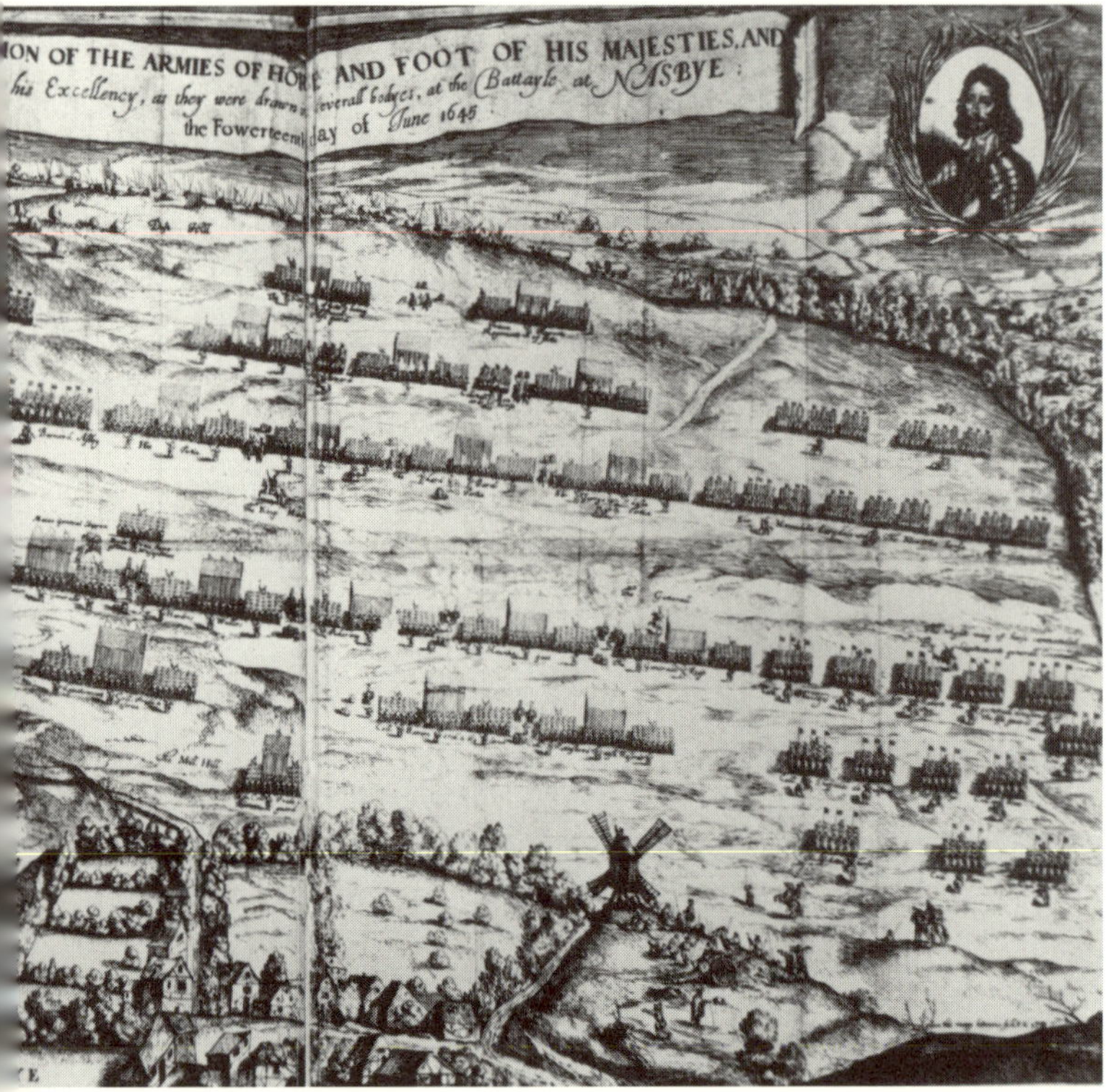

ネーズビーの戦い　上方が国王軍、下方が議会軍。左の布陣図と対照するとよくわかる。

な識見の高さをも立証したが、クロムウェルが「辞退条令」の唯一の例外としてニュー＝モデル軍に留まりえたのには、いろいろな偶然が重なりあっていた。たとえばフェアファックスの求めたのが騎兵の指揮官ではなくほかの兵種のものであったら、いくら強硬な庶民院といえどもかれの任命に踏みきることはできなかったであろう。だがこの一件もクロムウェルには何よりも神の導きであると映り、そこから自分の使命観についての確信をますます強めたのであった。

この使命観に支えられて、ク

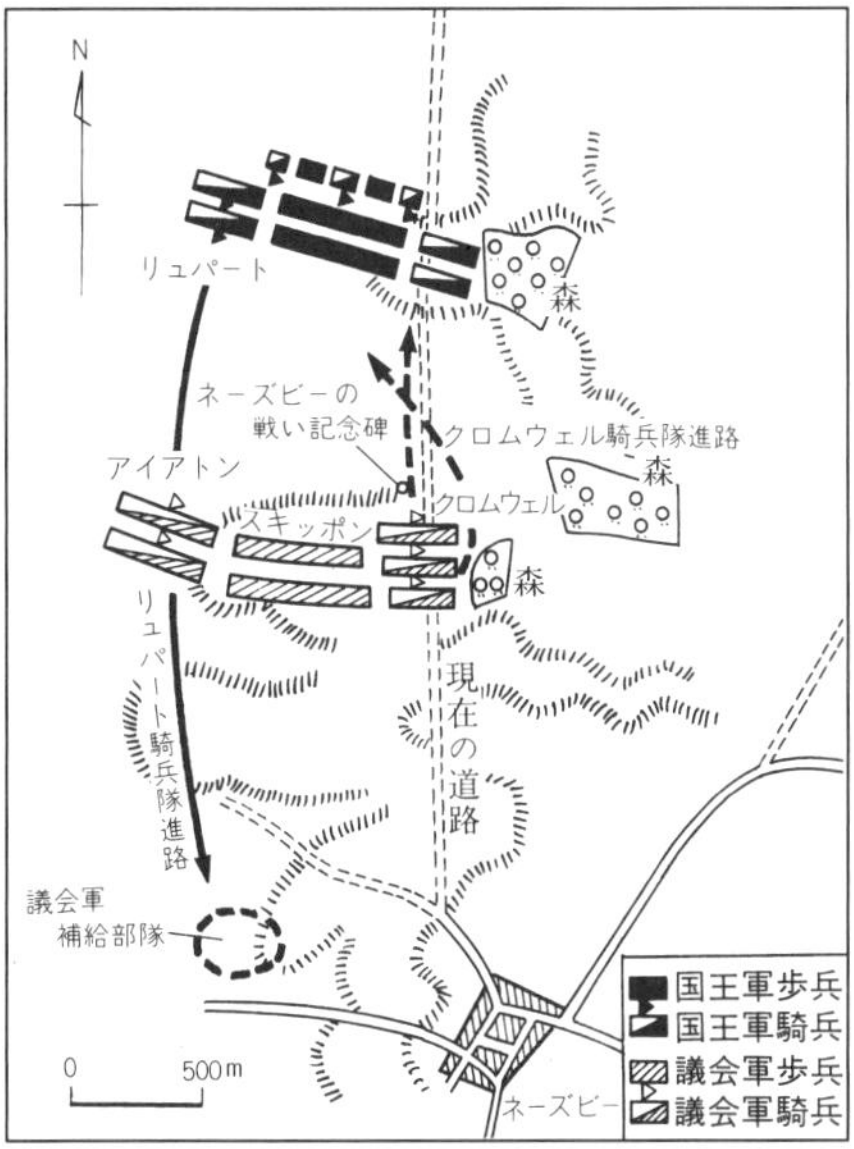

ロムウェルは戦い続けた。そしてネーズビーの戦勝報告につぎの言葉を書きつけている。

「ネーズビーのことはお聞きになったでしょう。幸運な勝利でした。……神はそのしもべをよろこんで使いたもうたのです。……敵が堂々と隊列を整えて行進してくるのに、わがほうは貧弱で不慣れな一隊にすぎないのをみたとき、将軍からゆだねられた騎兵の指揮をとるには、ただ勝利を確信して神をほめたたえ、神にほほえみかける以外には、私はなすところを知りませんでした。なぜなら神は、無きに等しいものを使われて有力なものを無力になしたもうでしょうから。このことには確信がありました。そして神はそれをなしたもうたのです。それゆえに、どうか主に感謝をささげ、人の子らになされた、くすしきみわざをあらわしますように」。

こうしてクロムウェルの心の中には、自分こそ神が「地上の王国」をつくるために特別に選びたもうたものである、という独特の使命観がゆるがないものとなっていった。そしてクロムウェルを支持する人たちの眼には、まさしくかれこそは、信頼するにたる「神につかわされた英雄」として映ることになる。だが他方かれの反対者には、聖書に頼り祈りにふけり、すべてを神に求めたかれの態度は、まことにきざな偽善的なものにみえることであろう。神と悪魔、クロムウェルについての両極端の評価は、こうした点から生まれるのである。

❖戦い終われば

さて国王軍に対する勝利は、クロムウェル個人の貢献は無視することはできないにしても、かれ一人によって勝ちとられたものでないことはいうまでもない。私たちはこれまでのクロムウェルの理想のままに文字どおりかれの手足となって働いた「聖者の軍隊」の独特な雰囲気に注目してきた。そしてクロムウェルの行動を支えたあの使命観は、同じように「聖者の軍隊」の行動を導いたのであった。

当時の人びとはニューーモデル軍の勝利をどうみていたのであろうか。「二つのことがどんな軍隊よりもかれらを立派にしている。……すなわち団結と活動性だ。多くのこまかい点では意見が分かれても、軍の動きを妨げたり遅れさせたりするような分裂は決してみられない。……この軍隊は祝福を受けた行動のもとにあり、その計画は信心深く誠実なものだ。これほどの愛を私はみたことがない。……この軍隊でとくに目につくことが一つある。兵士というものはたいてい敵側についた市民のものですら使ってしまい、取りあげてしまうものだが、ここでは兵士たちはこの国のどこにおけるよりも宗教的になり、精神的にゆたかになっている」。

かつてクロムウェルは、真に役にたつ人間を求めるのにかれの信仰上の立場のいかんは問わないというきわめて寛容な原則を「聖者の軍隊」に採用した。じつはこの原則にのっとりながら軍隊内の分裂を避けて統一を守るということは、たいへん困難な課題であった。戦闘が続いているうちは、この問題は隠されていた。戦闘が終わるやいなやクロムウェルはこの問題にぶつからざるをえなくなる。

Ⅲ　革命の頂点
――平等派とクロムウェル

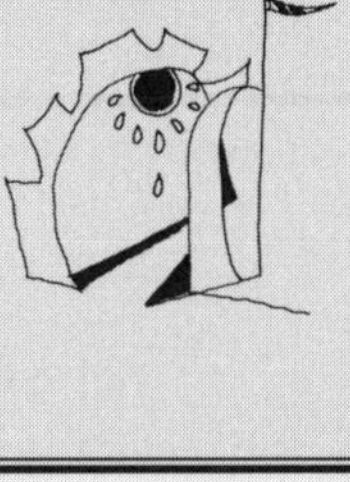

軍隊と政治

❖バクスターの観察

ネーズビーの戦いの二日後に、ニュー・モデル軍に一人の従軍牧師が就任した。前章に『自叙伝』の一節を引用したバクスターである。かれはつぎのように書いている。

「クロムウェルの兵士たちのところにきてみて、私はこれまで予想だにしなかった新しい事態を見いだした。……多くの兵士や士官たちは正直で真面目で正しい信仰の持ち主で、他の人たちも真理によろこんで耳を傾ける従順で正しい気持ちを持った人たちであった。しかし若干の高慢でうぬぼれの強い熱狂的な諸セクトの人たちが高い地位につき、クロムウェルのお気に入りとなり、その情熱と活動とによって他の人たちを圧倒し、あるいはひきずりこみ、数では少数だが、軍の中心的存在となっていた。……この連中が国王を専制君主であり敵であると考え、絶対にかれをやっつけて支配してしまおうと考えているのが、私にはわかった。……かれらがもっともしばしば、しかも激しく議論しあったことは、いわゆる『信仰の自由』の問題であった。……かれらはオーヴァートンとかリルバーンといった連中のパンフレットを盛んにばらまくことによって、兵士たちに非常な悪影響を及ぼしたのであった。……かれらのねらいは異端的なデモクラシーであった」。

いったいオーヴァートンとかリルバーンというのは何者なのだろうか。

❖軍隊の危機

ニューーモデル軍が一つの政治勢力として、歴史の舞台に登場したのは、一六四七年のことであった。まだ議会において多数をしめていた長老派が、軍隊と独立派の発言力の増大を恐れて、内乱が終結したことと軍維持のための重税への反対が多いことを理由に、ニューーモデル軍の削減計画をねり始めたのである。しかし真の理由は別のところにあった。ニューーモデル化は、軍隊のみに留まらず、地方政治のレヴェルでも行なわれた。州ごとに組織されて革命期の地方政治を担当していた州委員会の多くで、委員の更迭が行なわれ、これまで州を支配していた由緒ある家系に属した大ジェントリに代わって、一段下の社会層の人たちが進出してきた。「かれらは、商人やわずかばかりの資産の持ち主であって、失うべき土地を持っているわれわれほどには国家を破壊することを気にしない」。支配権を奪われた人たちは、事態をこのように把握した。そこであくまでもみずからの地位を守ろうとした「生まれながらの支配者」は、軍を攻撃目標に選んだのである。

ニューーモデル軍に危機が訪れた。議会が、軍の一部をアイルランドの国王軍残党の鎮圧に派遣し、残りは解散するという計画を、一六四七年二月に発表したからである。士官や兵士はみずから血を流して戦った成果が、議会の政治家に独占されることに我慢できなかった。そのうえ財政窮乏を理由に、歩兵で一八週分、騎兵で四三週分もの給料が未払いになっていたことが、かれらの不満をいっそう大きくした。兵士たちは自分たちの利害を守るために団結し、組織づくりを始めた。そこにおりからロンドンを中心に徒弟や職人の間で勢力をのばしてきた「平等派」(レヴェラーズ)という政治組織が働きかけてくる。

❖平等派のリーダー、リルバーン

平等派の偉大な指導者は、ジョン=リルバーンであった。かれは専制政治のもとで投獄され、長期議会によって釈放され——それにクロムウェルが一役買っていたことは前にみた——、議会軍に参加し、クロムウェルの下で東部連合軍の中佐にまで昇進した人物である。しかし長老派による「厳粛な同盟と契約」の強制を拒んで軍をやめ、ロンドンの民衆とともに政治活動を始めたが、四六年六月に貴族院に対する非難の責で再度投獄された。しかし獄中にあってもかれはひるむことなく多くのパンフレットを書いて、獄外の民衆に訴え続けた。ちょうどこのとき軍隊の危機が起こった。これまで請願とデモしか政府攻撃の方法を持たなかった平等派が、軍によせた期待は大きかった。リルバーンは、議会がクロムウェルに二、五〇〇ポンドの年金を与えて軍を見捨てるよう買収したとの噂に、いちまつの不安を感じながらも、クロムウェルが軍をひきいて立ちあがることを願った。

クロムウェルの立場は、はなはだ微妙であった。四六年七月以降、ニュー＝モデル軍副司令官としてのかれの任期は更新されなかったので、かれはもはや一人の庶民院議員にすぎなかった。そして記録によると、この軍隊の危機が生まれた四七年の一月末から四月中旬にいたる期間には、かれは議会にはまったく出席していない。内乱開始以来、議会を至上と考え、議会のために、議会のもとで武器をとって戦ったとするかれの気持ちは動かなかったとはいえ、長老派の支配する議会に対する疑惑が深まったのであろう。「議会に仕えるということはまったくあわれなものだ。議会に忠誠をつくせといっても無理だ。議員のおせっかいなやつらが立ちあがって中傷を浴び

ジョン＝リルバーン

せかけると、それはもう拭《ぬぐ》いさることのできないものになってしまう」。このころのかれの述懐である。

❖平等派の働きかけ

平等派の指導を受けた兵士の動きは早まった。三月ごろから騎兵の連隊に、一般の兵士層から各二人の「アジテーターズ」(扇動者)と呼ばれる代表を選出する動きがみられたが、五月になるとそれは歩兵の連隊にもひろまった。そしてこれまでの軍隊の上から下への命令秩序に代わって、兵士みずからの下からの声を反映させる「一般軍会議」という組織をつくった。狼狽した議会は、クロムウェルら四人の議員を、軍隊に派遣し、若干の譲歩を示して、説得にあたらせることにした。しかしこの議会の期待はあまりにも甘かった。五月二一日、四人の議員が議会に寄せた報告によると、一般兵士層のみならず士官も団結してその要求を譲らないばかりか、かれら四人もこれからそれに同調して行動する、というのである。クロムウェルは、軍隊と結ぶみちを選んだ。これこそはかれの生涯における決定的な転換点であったといえるであろうし、またここにもぎりぎりの最後の瞬間まで決断を下さないというかれの行動様式が示されている。戦勝のヒーローという威信をそなえたクロムウェルを獲得した軍隊は、ますます団結を固め、ニューマーケットに集結して、議会に圧力をかけた。

❖国王逮捕事件

まさしくこのとき、六月四日に国王逮捕事件が起こったのである。内乱末期に国王チャールズ一世はスコットランド軍に保護を求めて投降したが、この年の一月にスコットランド軍は賠償金とひきかえに王の身柄を議会に渡して、本国に引き上げてしまった。それ以後、国王はノーザンプトンシァのホームビィにおいて議会の監視のもとに幽閉されていたが、議会と軍隊の対立が激しくなるにつれ、長老派がこの国王に接近する空気が見え始めたので、国王は軍隊にとってますます危険な存在になっていた。この日五〇〇人の部隊をひきつれたジョイス騎兵少尉は、ホームビィに到着し、国王を逮捕しようとした。国王は「なんじは、いかなる委任状によって朕《ちん》を逮捕せんとするのか」とかれにたずねた。ジョイスは部隊に整列を命じて、かれらを指さしながら「ここに私の委任状があります。私のうしろにいるのがそれです」と答えた。これはまさに象徴的なできごとであった。軍隊の手によって、また軍隊の名において、国王は逮捕されたのである。

この国王逮捕事件は多くの謎に包まれている。それがジョイス少尉の独断によるものではなく、陰に演出者がいたと考えられるからである。この点でクロムウェルの行動は疑惑を招くに充分であった。かれは事件の四日前にロンドンでジョイス少尉に会っているし、しかもこれま

で躊躇していたかれは、事件が成功したことを知った後ではじめて軍隊に正式に復帰している
からである。しかし国王の逮捕にクロムウェルがどんな役割を演じたかは、確証できない。

❖士官と兵士の同盟

クロムウェルは軍に復帰した。「議会を去ってからはクロムウェルは主に軍隊に頼った。そして何があっても軍の統一を確保しようと努力した。また軍を自分の意に沿わすことができない場合には、軍の分裂を招くよりは、自分も、そして自分とともに友人をも、軍の選んだ道に沿って行動させようとした」と当時の一記録は記している。クロムウェルらは「グランディーズ」（軍幹部）と呼ばれた。グランディーズは軍の統一確保のための方策を追求せねばならなかった。

その最初の企てが、ニューーマーケットの全軍集会で承認された「軍隊の謙虚な説明」と題した文書であった。それは軍隊がなぜ団結せねばならなかったかを説明するとともに、その要求のすべてがいれられないかぎり解散には応じないことを公式に表明した。さらに軍隊の組織としてはこれまで未公認であった「アジテーターズ」に軍幹部を加えた全軍会議を設立することにした。それは自分たちの共通の敵たる反革命勢力に対してはきびしい態度をとるとともに、団結を守るためには若干の妥協もやむをえないとする苦肉の姿勢の現われであった。クロム

ウェルが執筆したと推定される六月一〇日づけのロンドン市当局あての書簡は、軍幹部一〇人の署名を連ねて、自分たちの立場をつぎのように説明している。

「私たちは、議会の議決と宣言とによってこの国に平和と、人民の自由が確立することを、要求いたします。この二つこそ、内乱が始まる前に、議会によって論じられ、私たちや親しい友人たちをその陣営に招きよせたものでありました。しかも、私たちの何人かは戦闘に一命を捧げました。神の祝福によってことが終わった今、私たちは、自分の給料のことや兵士たちの共通の利害とならんで、幸福な体制を要求する権利を持つと考え、またそれをみたいと心から願っているのです」。

この手紙は、軍隊が解散問題という独自の利害のからまった問題をこえて新しい国家体制の問題にとりくむ意志を持つようになったことを、はっきり示している。この点において、到達点は異なるにもせよ、少なくともグランディーズと兵士およびその背後にいる平等派のねらっている方向は同じであった。だが兵士たちは、万事につけて慎重なグランディーズを乗り越えて進もうとする。この両者の牽制《けんせい》が事態をますます複雑なものにした。

軍は長老派の中心とみられた一一人の議員の辞任を要求して、ロンドンへ進軍する姿勢をとった。この威嚇《いかく》におびえた議員は自発的に辞任した。そこで、六月一四日、軍は「軍の主張」を発表し、「自分たち軍隊は、専制権力に奉仕すべき傭兵《ようへい》ではなく、われら自身と人民の正当な権利と自由とを擁護するために、議会が宣言してつくったものである。しかし議会が、この王国の正しい権力・権利を確保することは、現在では軍隊の介入なしには不可能であるから、軍隊の不正議員追放の要求も決して反乱を意味するものではない」と訴えた。

❖二つの路線

「軍の主張」は、軍隊のなかでグランディーズと兵士たちが軍隊の団結を守っていくための最大公約数的な内容を持ったものであった。したがって、このプログラムをどのようにして実行に移すかとなると、どうしてもそこに両者の対立が現われざるをえない。クロムウェルたちグランディーズは、議会に向かって武力を用いることにためらいを感じており、議会の改革は第三者の手を借りずに議会自身の手で行なわれなければならない、という立場を守ろうとした。ところが平等派にひきいられる兵士たちは、あくまでもロンドンに乗りこんで武力によって議会を制圧しようとの主張を変えなかった。

七月一六日、レディングで開かれた軍会議の席上、ロンドン進軍の可否をめぐって議論は沸騰した。クロムウェルは依然として慎重論をもってこれに臨み、平和的な手段で要求の実現をはかるべきであって、武力行使は断じて避けなければならないと論じ、「提案要綱」という文書で軍の要求をまとめることを主張した。兵士たちはこれには反対だった。即刻ロンドンにはいって、「軍隊と王国を破壊するために使おうとしている連中の手から、権力をとりあげなければならない」とアジテーターズは、名前のとおり扇動につとめた。

この情勢をみた長老派議員は、ロンドンの群衆に助けを求めた。七月三〇日、「厳粛な同盟と契約」および国王に対して忠誠を誓う、退役兵士や徒弟たちからなる群衆が議場に侵入してきたので、九人の貴族と五七人の庶民院議員は身の危険を感じて軍に保護を求めてきた。ようやく重い腰をあげたグランディーズも、「提案要綱」を公表するとともに軍をロンドンに進めることに同意し、八月六日、軍はロンドンにはいった。

ヘンリー=アイアトン

「提案要綱」は、クロムウェルの女婿でグランディーズきっての理論家といわれるヘンリー=アイアトンが中心になって起草したが、独立派の今後の政治プログラムを開陳した憲法草案ともいうべき性格のものであった。しかし、それが国王と貴族院を存続させるなど現制度への妥協とみられる条項を持っていたため、兵士たちの不満が高まった。「提案要綱」には自分たちの意見が反映されていないとするかれらは、一〇月一五日に兵士独自の要求として「正確に述べられた軍の主張」を発表した。それは軍と自由民の生得権を掲げ、「すべての権力は本質的にこの国の人民全体に存する」として人民主権と庶民院の至上性を主張し、さらに二一歳以上の成年男子の普通選挙権を要求した。

グランディーズ・独立派の憲法たる「提案要綱」とこの兵士・平等派の「主張」との間には、あまりにも大きな距離があった。軍隊が一つの政治勢力として、その団結を確保するためには、グランディーズにとっても、兵士たちにとっても、お互いに討論によって対決することがどうしても必要になってきた。

❖パトニー討論

一〇月二八日、現在はロンドンの一部であるパトニー――ここはオクスフォードとケムブリッジ両大学のボートレースの出発点として有名である――の教会堂において、軍会議が開かれた。いうまでなくグランディーズと兵士・平等派両者の討論によって、これからの軍隊のとるべき基本方針を決定することが、この会議の目的であった。さいわいにしてこの会議の速記録が「クラーク文書」として残されているため、私たちはそのいちいちの発言はもとより、会議全体の雰囲気まで推測することができる。深刻な対立をはらんでいた両者の間に戦わされた討論であるから、そこにはしばしば激しい感情的なやりとりや、いちじるしい脱線もみられる。できるだけ中心の問題に即しながら、会議の模様をみることにしよう。

軍会議　司会は議会軍総司令官フェアファックス。

議会軍司令官フェアファックスは病気であったため、クロムウェルがこの討論の議長をつとめた。しかしもっとも雄弁にグランディーズの立場の弁明につとめ、また激しい論争をいどんだのは、かれの女婿アイアトンであり、一方、兵士・平等派を代表してこの会議に出席したのはワイルドマン、レインバラ、セクスビーといった人たちであった。

討論は最初から議事進行の手続きをめぐって紛糾した。兵士たちが、これまでの主張をさらにはっきりとまとめた「人民協定」という文書を提出し、その審議を要求したからである。「人民協定」というタイトルじたいが、兵士・平等派の立場をはっきり示していた。すなわちイギリスの旧来の政治体制はこの革命によって解体したのであるから、人民の間でお互いに「協定」を結んで、新しい体制を作ろうというのである。そしてこの「協定」は、現議会に解散を求めたうえ、人口数に比例して選挙区を改正し、二年に一回総選挙を行なうことを定め、議会に至上の権限を与えるが、信仰の自由、従軍強制への拒否権、法の前における平等など五項目は、この議会といえども侵すことのできないイギリス人民の生得権であると主張した。うまく討論をまとめて分裂を回避することを念願としていたクロムウェルにとって、この兵士たちの突然の提案は、驚愕《きょうがく》以外の何ものでもなかった。

❖クロムウェルの主張

「君たちが提出したものは、私たちにとってまったく新しいものであり、こんなやり方で提出されたために、いままでは見る機会もなかったものだ。私たちははじめて拝見した。実際、この文書は王国の統治そのものの非常な変革、おそらく国家始まって以来の変革を含んでいるといえよう。……そのもたらす結果についてどう考えているのか。混乱ではないか。このうえもない混乱ではないか。……目的の点で良いものを提案したり、このモデルはすばらしいものでイングランドにふさわしいと考えるだけでは不充分なのだ。結果を考え、また、やり方を考えることこそ、クリスチャンとして人間としての私たちの義務なのだ。……私は心からまた良心にかけて、みんなの団結と相互理解に役だつこと以外、君たちに提案するものを持たない。だからこのことに固執し、明らかにしようとするのだ……」。

この発言には平等派のだしぬけの仕打ちに対する憤慨とともに、軍の団結を至上のものと考え分裂を避けようとするクロムウェルの気持ちがはっきりうかがえるであろう。そのためにはとにかく平等派を非難するばかりでなく、かれらのやり方を阻止する方法を講じなければならない。「何よりもまず、どんな義務がわれわれに課せられているか、どこまでそれに拘束されるのか、という問題がある。……私のいうことはつぎのことだけだ。たしかに君たちの文書は受け取ったのだから、何をなすべきか、いっしょにとっくりと考えてみよう。だがそれを考える前に、どこまでわれわれが拘束されており、どこまで自由なのかを考えてみようではないか」。アイアトンも義父の動議に賛成した。「たしかに人民協定にはもっともな点があり、本当に良いことがある。私が心から願っていることもある。……この文書に賛成したいくらいだ。だが、われわれは契約のもとにあるということを、考慮に入れなければならない。……だからわれわれの以前の契約を考えていただくようにお願いしたい。すなわち一般的にいって軍隊のだした諸契約のことだ」。

これに対してワイルドマンやレインバラは、契約を守らねばならないのは、それが正しいものである場合だけであって、もしも「人民協定」が正しいのなら、当然以前の不正な契約に拘束される必要はなく、直ちに「協定」の審議にはいるべきであると主張した。問題はたんなる議事手続きではないのである。

❖ゴフの提案

議論の対立が火花を散らした。そのときゴフという名前の一中佐が、現在問題になっていることがらについて神の助言を求めることにしては、すなわち祈禱集会を開くことにしてはどうか、という動議を提出した。「クリスチャンの精神を示すことにしよう。われわれの相談や分別や方法といったものは俗世間のものとはまるっきり違うものであることを、そしてわれわれは神に頼るものであり、われわれの願いが神の教えを守ることにあることを、全世界に対して恥ずることなく公言しよう」。紛糾した討論に困りきっていたクロムウェルはこの提案にとびついた。ゴフの発言は、かれがかねてから信じていた神のための聖戦という意識——平等派の攻撃を前にして忘れかけようとしていたあの意識をはっきり呼びさましたからであり、またそれとともにともかくもこれによって第一日目の討論に終止符を打つことができる、と考えたからである。アイアトンも賛成した。

だが平等派は、この提案によってすべてがうやむやにされてしまうことを恐れた。かれらは執拗にグランディーズにからみついた。議論はふたたび堂々めぐりを続けた。けっきょく、明朝祈禱集会を持つこと、そのまえにアジテーターズは自分の部隊に帰って兵士たちの意見をよく聞いてくること、を決めて、第一日目の会議は散会した。

翌二九日は祈禱集会後、討論が続行された。最初、昨日の提案者ゴフが立って、みずからの昨晩の祈りの体験をながながと語った。かれは聖戦を遂行するためには、議会軍という聖者の陣営が団結することが不可欠であるとして、あたかも説教者のような態度で、グランディーズと兵士の両方に神の意志なるものを伝えたのであった。もっとも世俗的であるべき国家体制決定のための討論のあいまに、こういうまるで教会と同じような発言が聞かれるところに、ピューリタン革命の雰囲気の見のがしがたい特徴が存する。

❖土地を持つものの支配

混乱した討論も、アイアトンの妥協によって「人民協定」の内容にはいることになり、その冒頭に掲げられた選挙権の問題が、パトニー討論の最大の論争点になった。「人民協定」は選挙を公平にするために議員定数を人口に比例して改めようと述べているに留まり、かならずしも、選挙権そのものを拡大しようという規定はなかった。しかし、アイアトンがこのことをたずねたのに対し、平等派の一人ペティは「生得権を失っていないすべての住民は、選挙において平等な発言権を持つべきである、と思う」と答えた。またレインバラも立って、歴史に不朽の名を留める有名な発言を行なったのであった。「イングランドにおけるもっとも貧しい人も、もっとも偉い人と同様に生きるべき生命を持っている。だから、ある政府のもとで生活するすべての人びとが、まず自分自身の同意によってその政府に服従すべきであることは明白であろう。イングランドのもっとも貧しい人びとも、自分が発言権を持たない政府には、厳密な意味ではまったく拘束されることはない、と私は思う」。

平等派の選挙権構想には賃労働者と奉公人は除外されていたため、厳密な意味では完全な普通選挙権の要求ではなかったが、しかしそれにしても年四〇シリング以上の地代収入のある土地所有者に選挙権をかぎっていた当時の規定に比較すると、まさに「驚くべき変革」であった。クロムウェル、アイアトンらグランディーズが、現行のものによって選挙権を与えられていた人であったことはいうまでもない。かれらは平等派の普通選挙権要求によって失うものを恐れねばならなかった。平等派の攻撃の矢面にたって、アイアトンは必死になって既得の立場を守ろうとする。なぜなら、ここにこそ革命の全体の性格を決定する要因がひそんでいたからである。すなわち、革命の成果を自分たちだけの手に確保しうるか、それとも平等派に結集した社会層にも与えてしまうか。グランディーズはもちろん前者を選ぼうとした。

選挙権の問題で、平等派にもっとも果敢な論争をいどんだのもアイアトンであった。「人がここで生まれたということだけで、土地やその他すべてのものを処理する権力に参加しうるということには、充分な根拠はないように思われる」。「私がここで弁護しようとするのは、私が財産に眼をつけているからである」。「神の法も自然も私に財産を与えはしない。私はそれを持ち続けよう。制度は財産という基礎のうえに立つものである」。会議におけるかれの発言である。それでは具体的にはグランディーズはその政治体制の構成者に、どの社会層の人たちを考えていたのであろうか。かれはいう。「この国に恒久的な固定した利害を持たない人びとは、国事の処理やわれわれの統治さるべき法を決定する人びとを選出するのに、関係したり参加したりする権利を持たない。……この国が統治される法を作る代表者を選ぶのは、この国の地方的な利害を理解している……土地を持つ人びと、すべての産業を握っているコーポレーション（団体）に属している人びとなのである」。

❖対立の焦点

このように政治参加者を自分たちと同じ一定の土地財産の所有者に限ろうとしたグランディーズに対しては、人間の生得権・自然権としての選挙権を要求する平等派の主張は、いたずらに国家と社会の秩序に混乱をひきおこそうとしている、としか映らない。クロムウェルはいった。「だれも君たちが無政府状態を意図しているとはいっていない。ただその原則のもたらす結果が、無政府状態に傾き、無政府状態に終わる、といっているのだ」。

平等派・兵士はいきりたった。士官たちのいい方が通れば自分たちの尊い血を流した成果をむざむざとグランディーズに独占させることになる。「この全期間に兵士はいったいなんのために戦ったのだ。兵士はみずからを奴隷とするために、すなわち財産や土地を持った連中に権力を与えてみずからは永久の奴隷となるために戦ったのか」。

両者の立場の決定的な別れ道は、現在この目前に進行している革命という非常事態の認識のしかたと深く結びついていた。これまでに引用した発言からも分かるように、平等派は、革命によって伝統的なイギリス人の国家体制は崩壊したのであるから、これを改めて作りなおさなければならないという認識にたっていた。これに反してグランディーズには、この認識がなく、したがってかれらは既得の財産権を擁護するために、契約の遵守、成文法の尊重といった論理にしがみついた。そのうえ、かれらは紛糾した討論のまっただなかに、あえて国王と貴族院の存続の可否という問題を持ちだして、火に油を注いだのであった。グランディーズにとっては、国王と貴族院は庶民院とならんでイギリスという国家の基本的な制度であって、それがない国家体制はとうてい考えられなかった。一方、平等派にとっては、この両者こそかれらが戦いを挑んだ専制権力そのものであり、いかなる形であれそれが存続することは望ましくない。ここにも両者の間には越えがたい溝が横たわっていたのである。

❖クロムウェルの姿勢

パトニー討論は三日間にわたって続けられた。その主要な論点は、これまでみてきたように、革命後建設さるべき新しい政治体制の基本にかかわる問題であったが、討論の速記録を詳細に検討してみると、そこには世俗的・政治的な雰囲気とはほど遠い宗教集会のような雰囲気が感じとれるのである。祈禱集会が開かれたばかりでなく、発言者はしばしば自分の立場を固めるために、聖書に頼り、ときには聖書の注釈すら試みている。それはまさに「聖者の軍隊」の協議会にふさわしい集会であった。討論の終わりに近いころ、クロムウェルはつぎのような発言をしている。

「じっさい、多くの人が話すのを聞いた。私はこれらの発言において神が語りかけたもうたと考えざるをえない。……しかしその発言にはいくつかの両立しがたいものがあった。だが神がこのような対立の作者でないことはたしかである。対立は目的よりも方法にある。われわれはみな同じ目的を語っているのであって、違いは方法にあるのだと考えざるをえない。その目的たるや、この国の国民を圧政と隷属状態から救いだし、神がわれわれを進ませたもうたみわざを完成し、正義と公正という目的についてのわれわれの希望を達成することにある」。

この討論におけるクロムウェルの姿勢は、兵士・平等派からの「同意」を強制することではなく、「討論」を通してお互いの見解の違いを理解しあうことによって、共同の目的を発見することにあったと考え、その意味でこのようなキリスト教的集会（コングレゲーション）に溢《あふ》れた「集いの意識」に、近代民主主義の源泉を求め、クロムウェルの姿勢を高く評価しようとするのが、イギリスの政治学者Ａ・Ｄ・リンゼイの『民主主義の本質』（一九二九）の意見である。

❖政治機構に対する無関心

たしかにクロムウェルは「国民を圧政と隷属状態から救いだす」とはいうものの、それは共同の目的であるとするに留まり、具体的な方策については、何も発言していない。それどころかかれは、政治機構についてはまったく関心を示さなかった。「ユダヤ民族は、過去においていろいろ異なった政治形態をとった。しかもそれぞれの政府のもとで、かれらは幸福であり満足していた。もしも君たちが、たとえ政府の最良のものを作るとしても、またこの政府を最良のものに変革したとしても、それは道徳的なことがらにすぎない。そのようなことは、パウロもいっているように、『キリストに比べれば塵芥《じんあい》にも等しい』ことがらというほかない」。これが討論中のクロムウェルの発言である。このような政治機構に対する無関心は、これからのちもかれの生涯に、いくつかの波乱を招くことになるであろう。

平等派にとってこのようなクロムウェルの態度が、「狡猾《こうかつ》なマキァヴェリアン」としか映らなかったのは当然ともいえよう。全軍会議はいっそう硬化し、選挙権の拡大と全軍集会を開くことを決議した。クロムウェルは激怒した。

「私は総司令官から将校としての職権を受けている。だから私はそれによってことをなさねばならない。私は軍紀にてらして総司令官に従うであろう。……だから連隊集会を召集したり、総司令官にそむいたりすることは、個々人の権限にはないことなのだ。こんなことをすれば、軍隊全体を、ことに軍の個々の人間にいたるまでを破滅に導くにちがいない。このやり方は軍隊に破滅をもたらすのだ」。残された道は軍紀を確立し、上級から下級への命令系統を守ることと以外にはありえないとクロムウェルは考えた。そしてこれに違反するものには厳罰をもって臨まなければならない。それによって、上官へ反抗することを知らなかったあの「聖者の軍隊」の姿をとりもどさなければならない。時を待ったクロムウェルは、いまや断固たる決意をもって行動に移った。軍隊の行動は軍事的な目的のみに限られ、国家体制の変更のごとき重大な政治的行為は議会だけがなしうることである、というのが、クロムウェルの改めてうちだした方針であった。そこで全軍兵士に対して総司令官フェアファックスへの忠誠の誓いにサインすることが求められ、またアジテーターズはただちに所属の部隊に帰るよう命令された。

ハンプトン-コート宮殿

❖軍の統一の確保

ちょうどこのとき、国王脱出というセンセーショナルな事件が起こったのである。ハンプトン-コート宮殿で議会軍の監視のもとにあったチャールズ一世は、一一月一一日夜陰にまぎれて脱出に成功した。国王の選んだ避難先は英仏海峡にあるワイト島のカリスブルック城であった。いかに計画が秘密にねられていたとはいえ、時が時だけに、しかも脱出があまりにも容易であったために、クロムウェルがこの計画に加担したのではないかという疑惑が持たれた。事実、状況証拠はきわめてかれに不利である。

国王がワイト島に落ち着いた日に、平等派の予定していた全軍集会がコークブッシュで開かれた。この集会において、グランディーズは兵士たちの忠誠をかちとろうとし、一方兵士・平等派は「人民協定」の承認をえようと計画していた。軍隊の分裂を未然に防いだのは、クロムウェルの行動であった。「イギリスの自由、兵士の権利」と叫び、帽子に「協定」のコピーをはさんで行進してきた部隊の隊列にとびこんだかれは、「協定」を破り捨てた。兵士たちの気勢はくじける。かれは一四人の首謀者をその場で逮捕し、その一人を即座に軍法会議にかけて銃殺してしまった。

いったい、なぜクロムウェルはこんな強硬な手段をとらなければならなかったのだろうか。私たちは、平等派よりもさきに対決せねばならない敵が、クロムウェルにはあったことを忘れてはならない。すなわち国王派と長老派がそれである。脱出した国王を中心に、この敵が軍隊の分裂という絶好のチャンスをとらえて動き始めている。敵に対抗するためには、何よりも軍隊の団結が必要であった。コークブッシュでのクロムウェルの気勢におされてふたたびグランディーズに忠誠を誓った兵士たちのエネルギーは、この敵を打倒するために利用されていくのである。そして独立派と平等派の最終的な対決は、のちの機会まで延期されることになった。

第二次内乱から国王処刑へ

❖国王との訣別

ワイト島に移った国王チャールズ一世は、かねてからひそかに続けていたスコットランドとの交渉に全力をあげた。一二月末にはその交渉がまとまり、長老教会主義の採用、イングランドとの交易の自由、枢密院にスコットランド人を入れることなどを条件にして、スコットランド軍が国王を援助することになった。しかもちょうど時を同じくして、国王がフランスと結んだ陰謀計画を伝えた手紙が、軍の手によって没収されるという事件が起こった。独立派の議員たちは、「四法案」と呼ばれる文書を国王に提出して、国王の誠意のほどを試《ため》そうとしたが、予想どおり国王はこれを簡単にけってしまった。独立派の態度が硬化するのも当然であった。かねてから国王を信頼せず、交渉打ち切りを主張していた平等派が、こうした成りゆきに勢いづいたことはいうまでもない。国王の処罰を要求する声や、もっと直接的に国王暗殺計画の噂

ワイト島のチャールズＩ世

すら、乱れとぶありさまであった。なにしろコークブッシュの全軍集会における平等派の反乱に水を注いで、まがりなりにも軍隊の統一と団結を確保した直後だっただけに、クロムウェルの憂慮は深まった。「もしもわれわれが軍隊をわれわれ独立派の線に沿わさなければ、平等派のほうに行かねばならない。軍隊が分裂してしまったらまさに破滅だ」とクロムウェルが発言しているのも、かれがもっとも恐れたものが何であったかを示している。本心はともかくとして、こういう周囲の情勢にうながされて、クロムウェルはしだいに国王との断交という平等派などの強い主張に近づいていったのである。一一月二一日以降、数日にわたって開かれた軍会議の席上、さきの反乱に参加した平等派の兵士は赦免された。そしてこの会議は「国王を犯罪人として告発すること」を決議した。

クロムウェルは傍観者的な態度を捨てて、行動に移った。国王の「四法案」拒否が正式に議会に伝えられたとき、かれは立って、これ以上国王に信をおくことはできず、交渉は無益である、とはっきり断言した。これに応じて庶民院は、一六四八年一月三日、一四一票対九一票の大差で「交渉打ち切り決議」を通過させた。

❖「神の摂理」に導びかれ

国王と訣別してしまったら、いったいイングランドの政治体制はどうなるのであろう。同じ演説のなかでクロムウェルはこの疑問にも答えている。「いま、考えられることは、議会が自分の力でこの王国を統治し、防禦すべきであるということだ。もはやあの強情な男からは安全も統治も期待できないことを、人びとに教えねばならない」。そしてかれは軍隊の役割にふれてこういうのである。「これまで尊い血を流して数多くの危険から議会を守ってきた人びとは、あらゆる反対に対して、忠実に勇気をふるって議会を守りぬくであろう」。

一年ほど前に平等派の攻勢にたじたじとなったとき、クロムウェルも女婿のアイアトンも「議会によって召集された軍隊」という立場から、議会に対する絶対的な服従を説いた。そしてこれまでのクロムウェルのジレンマは、その議会がかならずしもかれの考えているとおりの行動をとらずに、むしろ敵対的ですらあったところから生まれてきた。その点で、「交渉打ち切り」の決議は、少なくとも独立派、軍隊、平等派の主張のままに議会が行動したことを示した。こうしてクロムウェルの考えのなかで、議会と軍隊のとるべき方向がはじめて一線上に重なりあった、と意識されたのである。だからこそかれは、あえて議会の主張を強く支持し、軍隊にそれを助ける用意のあることを訴えたのであった。この線に沿ってクロムウェルもその一員とする新しい公安委員会が設置され、かの全軍会議はその存在を否定された。

しかし、クロムウェルが国王との断交に賛成したからといって、かれが王の処刑、君主制の廃止にも賛成だったというわけではない。ちょうどこのころ、クロムウェルの自宅で議会派のおもだったメムバーが集まって、イングランドの将来の国家体制をいかにすべきか、を協議したことがあった。共和主義者たちは、国王を処刑してあらたに共和国を樹立すべきである、と強く主張した。ところがクロムウェルのとった態度はかれらの期待を完全に裏切るものであった。一出席者は伝えている。「クロムウェルをかしらとするグランディーズたちは、超然たる態度をとって、君主制がいいのか、貴族制がいいのか、それとも民主的な政府がいいのか、について、自分たちの考えを述べようとはしなかった。そしてただ神の摂理の導きしだいで、この三者のうちいずれかがそれ自体またわれわれにとってもよいであろう、と考えていた」。少なくともクロムウェルには、将来のはっきりした構想が欠けている、といってもよいであろう。ただし「神の摂理の導きしだいで」という考え方に、クロムウェルの行動の秘密があったことも見のがしてはなるまい。「神の摂理」はどんなかたちで、かれを導いていくのであろうか。

❖第二次内乱

三月の末ごろから国内の情勢は険悪化の一途をたどった。長老派と独立派の議会と軍隊の対立に乗じて、イングランドにはまたしても内乱の嵐が訪れることになった。

第二次内乱の中心は、北部地方、ウェールズ、東南部地方の三つにあった。ケント州に向かった議会軍総司令官フェアファックスと、南ウェールズを転戦したクロムウェルの活躍によって、七月の末ころまでには三つの反乱の中心のうち二つまではかたづいてしまった。しかし残された北部にこそ問題があった。さきにみた国王の要請にこたえて、スコットランド貴族の代表ハミルトンがイングランドを攻撃する用意を整えて、四月末に国境を越えて攻めこんできたからである。

こうなると内乱はイングランドとスコットランドの対抗という様相を呈するにいたった。長老派の勢力が残っていたイングランドが、挙国一致のかたちをとりえないことは明らかである。議会の長老派は、独立派と軍隊の動きを牽制することに努力を注いだ。しかし、第二次内乱の勃発、スコットランド軍の侵入も、独立派と平等派の間の団結をかき乱すことはできなかった。いなむしろ、国王派の復活と長老派の策動とは、かれらの協力を深めた。このようなゆるぎない基礎があったればこそ、独立派は長老派の干渉をふりきって、対スコットランド徹底抗戦に踏みきることができたのである。東南部とウェールズが静けさをとりもどした七月末から、いよいよ決戦の舞台が北部に展開することになった。

❖プレストンの戦い

北部の議会軍ははなはだ弱体であった。クロムウェルにひきいられて合体した兵力をあわせても、敵の半分にも及ばなかった。しかしクロムウェルの軍隊は、装備の点で劣っていたとはいえ、鉄の軍紀を誇る、歴戦の「聖者の軍隊」であった。ハミルトン軍がランカシァを通って南下してくるのを知ったクロムウェルは、同州のプレストンを会戦の場所に選び、敵の攻撃線を切断する作線にでた。八月一七日に始まったプレストンの戦いは、クロムウェルの圧倒的な勝利に終わった。戦線を寸断されてスコットランド軍は抵抗するすべもなかった。しばらくの間、戦場整理の作戦は続いたけれど、もはや大勢は動かすことのできないものであった。ほぼ時を同じくして南部でもコルチェスターがフェアファックスの軍門に下り、ここに第二次内乱は終わりを告げたのである。

プレストンの戦いは、第二次内乱の運命を決した。この勝利をクロムウェル自身は議会議長に送った報告で、つぎのように書きとめている。「たしかに、この勝利は神のみわざにほかなりません。……けだし今は神だけをあがむべきときなのです。私は、この勝利をどう利用すべ

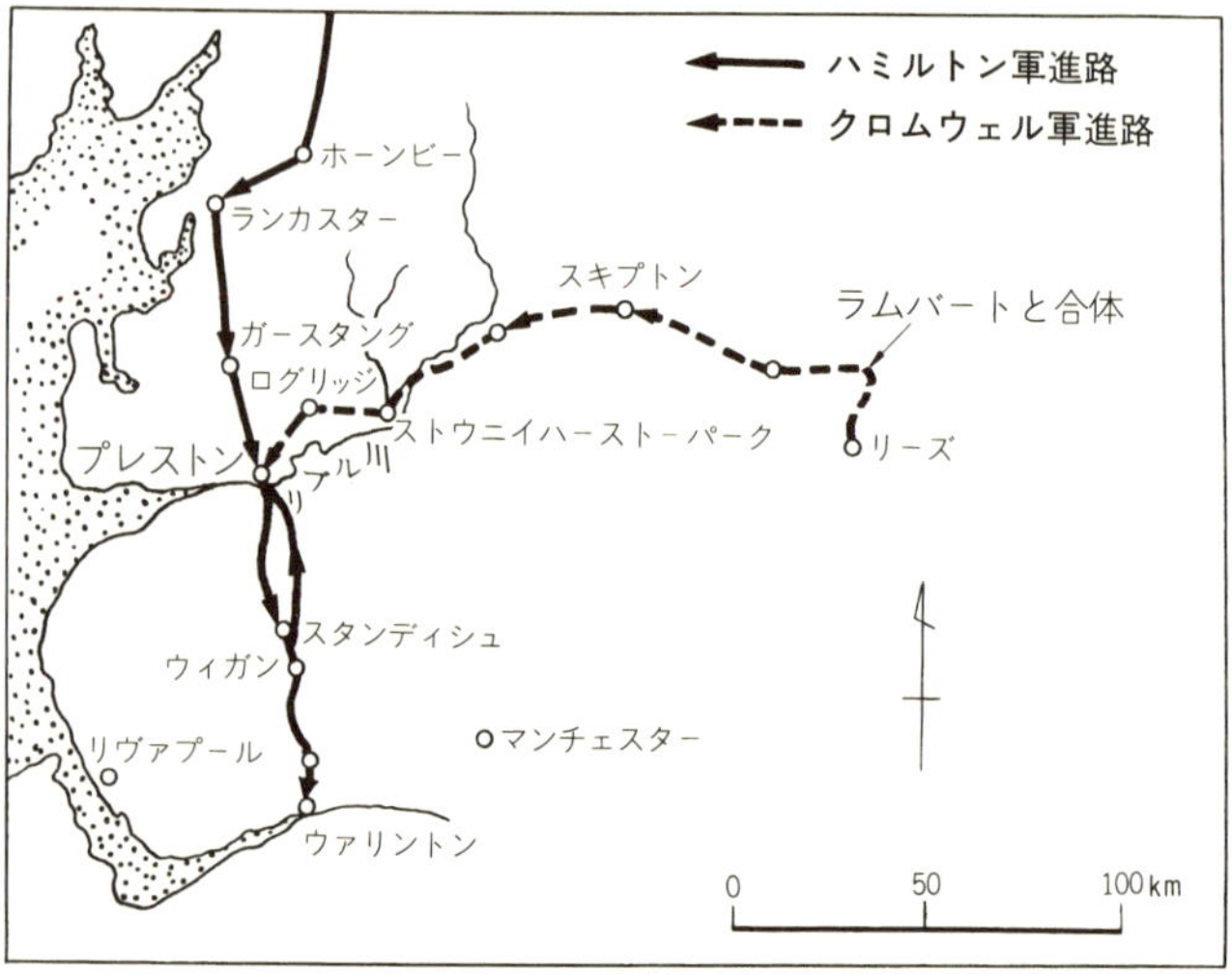

プレストンへの進攻

きか、などということについて意見を述べることはできません。そしてただつぎのことを心から祈るだけです。神のみをあがめたまえ、神の子を憎みたもうな、神の子のためには、国王とても懲らしめを受けるであろう。どうか主のみわざをなすのに勇気を持たれんことを。……和解せずしてこの国にわざわいをなす人びとが、すみやかに滅ぼされんことを」と。

この報告で重要なのは、かれにとってはプレストンの勝利もやはり「神の摂理」にほかならなかったことである。「聖者の軍隊」はまたしても神の導きのままに、輝かしい勝利をおさめた。クロムウェルと軍隊の間の信頼はいやがうえにも高まっていく。そしてまた、ピューリタンの英雄としてのクロムウェル像はいちだんとその光彩を増すのであった。

❖「軍の抗議」

だが内乱の終結は、ことの終わりを意味するのではなかった。議会派陣営の内部対立が、前よりももっと激しい形で復活したのである。長老派は九月二日さきの「交渉打ち切り決議」をご破算にすることに成功した。もういちど国王と交渉してみようというかれらの態度は変わらず、ワイト島のニューポートを舞台として、取り引きが続けられることになった。こうした動きに対し、みずから内乱を勝ちとったと確信していた軍隊が強い不満を持つようになったのは当然といえよう。これまで一般兵士たちのはねあがりを極力押さえようとしていたグランディーズの間にも、議会に対して武力を使ってでも強硬な態度をとるべきであり、場合によっては国王の裁判もやむをえない、という意見が有力になってきた。そしてこの考えは、軍隊内部で着々と地歩を固めると同時に、平等派の組織を通じて国民的なひろがりを持つようになり、ロンドンをはじめとする各地の市民たちからの国王裁判を要求する請願運動へと高まりをみせた。

グランディーズも文書をもってこの平等派の動きにこたえた。それが一一月一六日に発表された「軍の抗議」である。ここにおいて独立派のグランディーズは、従来とはうって変わった激しい態度をみせている。すなわちかれらは、国王が一方的な態度をとったために自分たちがこのような手段にでなければならなかった、と述べて、国王の拒否権発動を否定し、あまつさえ国王チャールズ一世を内乱の責任者として処罰することを要求したのであった。この文書に見られたグランディーズの要求は、まだいくつかの重要な点でかなり差があったとはいえ、これまでと比べてはるかに平等派の主張に接近している、といわねばならない。議会はまたしてもこの「抗議」を黙殺してしまった。グランディーズと平等派は歩みより、かれらと議会の対立はいっそうその激しさを加えた。

❖疑惑を生んだクロムウェル

こうしたグランディーズの動きの先頭に立っていたのは、「抗議」の執筆者、ヘンリー＝アイアトンなどの士官たちであった。いったいわが主人公は、どこで何をなし、何を考えていたのであろうか。実はクロムウェルは中央の動きから遠く離れたところにいたのである。というのは、かれは勝利の余勢をかって国境を越え、スコットランドにはいったのであった。ちょうどスコットランドでは、敗戦によって分裂がおこり、主戦派であったハミルトンの一派は失脚しようとしていた。クロムウェルは、この内紛に手をかして、ハミルトンの敵であるアーガイル侯の一派と手を握った。自分が敵とするのは直接イングランドに戦いをいどんだ連中だけなのだ、とかれはいいはなった。時が時だけに、直接スコットランドの長老派と手を握ったかれの行動は疑惑を生み、かれに対する批判も高まらざるをえなかった。

❖ハモンドへの手紙

いったいクロムウェルは何を考えていたのであろうか。ここにかれの心境を知るのに絶好の材料が残されている。それはかれの遠縁にあたるワイト島の司令官ロバート＝ハモンドへの手紙であって、一一月六日の日づけの手紙はつぎのように訴えている。私の心からの願いと祈りとは、信心深い人びとがその国籍と宗派のいかんを問わず結びあい、正しく理解しあう日が来ることにある、と。この点で、もちろんカトリックは除外されているとはいえ、宗教上の寛容を何よりも尊ぶべきものとするクロムウェルの姿勢がうかがわれる。しかしかれは率直に「長老派がわれわれの最大の敵である」ことは認めている。だがそのうえに立ってかれは、スコットランドの長老派と自分たち独立派の違いを、平和のうちに討論しあおう、というのである。これが対スコットランド強硬論一本槍の連中とは違う点であった。そのような考え方をかれは「クリスチャンにふさわしいものとは思えない」といっている。

最後にクロムウェルは、国王が逃げこんできて以来、敵、味方の板ばさみにあって辞職すらも考えていたハモンドに対して、温い同情とはげましをもってこの手紙を結んでいる。「ロビンよ、あくまでも正直でいてくれ。神は君をわなの中におきたもうている。君は生まれながらに勇敢な精神の持ち主だ。神の言葉に耳を傾けたまえ。神は君の気持ちを強め、真理に対して勇敢たらしめたまうであろう」。

❖第二の手紙

これがハモンドへの第一の手紙の主な内容である。ところがこれから二〇日ほどたった一一月二五日づけのやはりハモンドにあてたクロムウェルの手紙は、前とはいささか調子が異なっている。この第二の手紙は大きく分けて二つの部分に分れる。前半は、依然として辞職を考えていたハモンドに、おびただしい聖書の引用をもって説得しようとしたものであって、これは前の手紙の続きとみることができよう。だが直接政治的な行動を論じた後半において、クロムウェルはこれまでにみられないほどはっきりと自分の行動方針をうちだしている。それは、イングランドの主権を握っている議会に対して抵抗することはゆるされないのではないか、という疑問に答えるかたちで述べられている。この手紙が書かれたのは、国王の処罰を要求した「軍の抗議」が発表されたのちのことであった。したがって議会と軍隊の間の雲行きがまったくあやしくなり、軍隊の反議会的行動が露骨になった時点において、この疑問は、ハモンドのみならずだれもが解決をせまられていた課題であった。そのうえクロムウェルが「軍の抗議」の発表に直接関係していなかっただけに、この手紙は注目されるのである。

「軍隊は、国王に抵抗し戦うために、神によって召集された合法的な権力ではないか」とクロムウェルは問いかける。軍隊に職権を与えたのはたしかに議会であるが、軍隊に窮極的な使命観を授けたのは神である、というのがかれの考えなのである。この考えはこれまでも「聖者の軍隊」の底を流れていた。しかし、軍は決して議会を越えようとするものではなく、むしろ議会に対する服従がつねに説かれていた。たしかにクロムウェルの議会観は変わってきている。この考えをつきつめていくと、議会の行動が国民に害を与えると判断された場合には、武力をふるって抵抗することも許される、という主張が導きだされてくる。これこそ他の軍隊の連中が考えていたとおりのものであり、「軍の抗議」を貫ぬく意識であった。

❖チャンスをうかがう

クロムウェルは中央の軍の動きに完全に同調している。それならばかれは、軍隊の先頭に立って議会に挑戦するのだろうか。ところが事実は否である。「このような考え方は、賛成するにせよ反対するにせよ、俗世間のものにすぎない。そのなかにどんな真理があるのか、試してみればよい」とクロムウェルは考える。そこで「主が私たちに教えたもうであろう」という、いつものクロムウェル的な思考が続くのである。「親しき友よ、神の摂理をたずねてみよう。それはたしかに何かを意味している。筋道が通っている。変わらざるものであり、はっきりしていて、雲におおわれないものだ」。最後にかれは自分の指揮する北部駐屯軍のことにふれてこういっている。「私たち北部軍は、待機の姿勢にあり、主が私たちを導きたまう方向を知りたいと願っている」と。

一方では行動の方向をうちだしながら、他方では直接行動には移らずに立ち止まる、これはいつものクロムウェルの行動のしかたであって、これからのちも重大な転機と目される事件に遭遇したときには、かれはいつもこれをくり返している。ここからクロムウェルという男は徹底したオポチュニストではないか、という見方が生まれてくる。クロムウェルは、少なくともかれ自身の言葉によれば、神がかれをしてつぎの段階へ導くのを待っていた。言葉をかえれば神の指図を待ち望んだ。この態度は一見まったく主体性を放棄した逃げ腰の姿勢と受けとられるかもしれない。しかしかれは「神の摂理」の働きを確信することによって、本当は行動に移るチャンスをうかがっていたのである。あらゆる角度から検討してみて、自分が行動を起こすのに充分な客観的な条件が成熟してくるのを、じっと待っていた。それはひたすら「神の声」に耳を傾けるという信仰ひとすじの男の姿とはまさにうらはらの、現実的な政治家の姿であった。

❖プライドのパージ

クロムウェルとの親密な関係にもかかわらず、独立派がいだいたハモンドへの疑惑は消えず、一一月二八日にかれは逮捕されてしまった。独立派は平等派と手を握って、国王なき体制に向かってつき進んでいく。議会軍司令官フェアファックスは、ハモンドを逮捕した日にクロムウェルに手紙を書き送って、至急帰京することを命じた。一二月六日には軍隊はロンドンに進駐し議会に対して圧力をかける準備が整えられた。しかし国王の責任を追及するためには、議会から長老派の議員たちを追いはらって、独立派の主導権を確保しておく必要がある。一二月五日に開かれた士官と議員有志の協議会では、このさい議会を全面的に解散してしまうか、あるいは自分たちに非協力的な議員だけを追放するか、の二派に分れて激論が戦わされた、と伝えられている。けっきょく後者が採用されることになり、翌朝プライド大佐の指揮する一隊の兵士が議場をとり囲んだ。議場の入口には追放予定者のリストを持った大佐がひかえて、登院してくる議員を、仲間の議員のたすけをかりて首実験し、長老派とみなされた議員一四〇人ほどを追いかえしたり、抵抗した者を逮捕したりした。

これがふつう「プライドのパージ」と呼ばれている事件であるが、その実質は軍隊による議会に対するクーデタにほかならない。クロムウェルはこの事件が起こった日の夜、ロンドンに帰りついた。そして「こんな計画のことは私は全然知らなかった。しかし起こった以上私は喜んでこれを支持するつもりだ」といった。意地の悪い見方をすれば、プライドのパージも、かれにとっては「神の摂理」であったのであろう。神の導きの前に、自分が行動するにたる客観的な条件が整ってきたのを、かれは気づいたであろう。

❖国王に対する処置

じっさい、クロムウェルは追放をまぬがれた六〇人ほどの議員の中心的な存在として、めざましい活動を始めた。一二月の中旬から下旬にかけて、かれはしばしば議員、法律家、士官たちと会合を重ねて、事態を協議している。その結果チャールズ一世は、ロンドンにほど近いウィンザー宮殿に移され、前よりもいっそう厳重な監視のもとにおかれることになった。また議会に残った議員たちは、国王裁判の進め方を決めるための委員会をつくった。事態は急速な展開をみせようとしていた。

たとえ平等派からのつきあげがあったからとはいえ、これまでみてきたように保守主義者であり現状維持論者であったクロムウェルが、簡単に国王の処刑に同意するはずはないであろう。事実、国王に対する処置については、処刑を強硬に主張する一派と、ただ国王を監禁し続けることで満足しようとする一派の対立があった。公開の席上でのクロムウェルの立場はどっちつかずであったが、かれの本心は明らかに後者を支持しており、かげでは王の助命のためにいろいろ画策したらしい。ところがそれには限度があった。軍隊、平等派、議会の一部は、国王の首を要求するまでつきすすんでいる。それに水をかけるために必要なのは、王が譲歩すること、完全に議会に屈伏すること、これだけである。これがなければ、クロムウェルの画策もなんらの成果も生まず、かえってかれ自身の地位が危くなるおそれがある。しかしチャールズは殉教者として死んでいく決意を固めて、いっさいの妥協を拒否した。事態がこうなった以上、クロムウェルには強硬論者の動きをおさえる根拠はなくなってしまった。

❖特別法廷の設置

一二月二八日に庶民院は国王裁判のための特設裁判所設置法案を提出し、翌年一月一日にはこれを可決し、貴族院に送付した。しかし貴族院がこれに応ずるはずがなかった。そこで庶民院は「国民は神のもとにすべての正当な権力の源泉であって、イングランドの庶民院は、国民によって選ばれ国民を代表するものであるから、この国における最高の権力を持つ」と決議して、国王や貴族院の同意はなくても法律は有効である、という立場をとって、裁判所設置へと踏みきったのであった。

考えてみれば、およそ非民主的な議会から、これはまたなんと民主的な見解がとびだしてき

プライドのパージ　「善良な議員が追放されたのちの庶民院の残りかす」とある。国王派の使ったトランプの図

たことであろうか。一種のクーデタによって六〇人ほどの議員を有するにすぎなくなった議会は、「ランプ」――残りかすという侮りの言葉で呼ばれるようになっていた。とうてい「国民を代表するもの」などとはいえないはずである。このような現実とのずれが、国王裁判の合法性についての疑惑をいっそう深めた。「第一に、国王はいかなる法廷でも裁くことはできない。第二に、この法廷ではいかなる人も裁くことはできない」と、裁判官に指名された一人はいっている。そのため、裁判官の指名を受けた一三五人のうち実際に多少とも裁判に関係した人は六〇人ほどであった。

クロムウェルは事態が憂うべきものであり、いちじるしく不評判であることに充分気づいていた。庶民院の一方的な処置を非難して貴族院とあくまでも協同することを、かれは主張したし、また混乱をおそれて裁判から傍聴者をしめだそうとする処置にも反対であった。だがかれがこうした意見を述べていることじたい、かれがすでに国王裁判の渦中に深くまきこまれていることを示すであろう。とにかく不評判であればあるほど裁判は急がねばならないのだ。

❖国王裁判

法廷はウェストミンスター＝ホールにあらたにつくられて一月二〇日から裁判が開始されることになった。国王は前日ウィンザーから護送されてきた。悲劇のクライマックスは近づいて

チャールズＩ世の裁判　書記を間にはさんで、裁判官と対面着席している国王の帽子が印象的である。

くる。裁判の始まる日の朝、クロムウェルは裁判官の面々と協議中であった。国王の一行が到着したのを知ったクロムウェルは、おもわず窓辺にかけより、こう叫んだと伝えられている。「諸君、かれがやってきた。われわれは国民全部の関心事である大事業をしようとしているのだ。だから決めておかねばならない。国王がわれわれの前に現われたら、かれはきっと『なんじはいかなる権威と職権とによって朕を裁くのか』と最初にたずねるにちがいない。いったいこれになんと答えたらよいのか」。だれも即座に答えることはできなかった。ややあって共和主義者ヘンリー＝マートンが答えた。「議会とイングランドの善良なる人びとの名においてと」。

裁判が始まった。窓を背にして五、六列にならべられたベンチに裁判官が腰をおろしていた。クロムウェルの姿はその最後列に認められた。かれらはみな平服のままであったが、最前列の中央にいた裁判長ジョン＝ブラッドショウとかれの両わきの二人の副裁判長は、黒い法服のガウンをまとっていた。この裁判官席と向きあって、間に書記の席をはさんで、被告のすわる深紅色のビロードばりのひじかけ椅子がおかれていた。これこそイギリスの歴史始まって以来はじめての被告を迎えるせめてもの心づくしであった。チャールズ一世は帽子をかぶったまま着席した。法廷につめかけた傍聴人たちは、法廷の床がいちだん高くつくられていたために、立ったまま背のびをしながら、あたかも、平土間から舞台をながめるように、国王の頭と肩とを見守っていた。

❖国王の反論

起訴状が朗読された。その間国王は腰をおろしたまま広間を見わたしていたが、こんどは立ちあがって護衛と傍聴人を冷やかに見やると、またゆったりと椅子によりかかった。そしていささかも動ずる色を示すことなく、かえって起訴状の「チャールズ＝スチュアートは専制君主にして反逆者なり」というくだりが読みあげられたときには、平然と笑いをうかべた。かれはすでに自分の運命を知り、達観的な境地に達していたのであろう。むしろかれは最後までしいたげられた殉教者の態度をくずさず、英雄として死にたいと願っていたのかもしれない。裁判の間じゅう、かれはいっさいの弁護を拒否した。「これは朕だけの裁判ではない。イングランドの人民の自由に関係することがらなのだ。諸君がどういいはろうとも、朕はかれらの自由のために立つ。なぜなら法を持たない力が法律をつくることができ、王国の基本法を変えることができるなら、イングランドの住民の生命の安全は保証しえないからだ」。

国王の主張は明らかにこの裁判そのものの弱点をついていた。裁判が無理おしにすすめられてきたために、人びとの脳裡には、議会の少数派と軍隊に対する警戒の気持ちが、強くなった。動揺が生まれるのも当然である。三日の審理を終えた裁判所には、いったん休廷が宣せられ、改めて国王の罪状を調べるための証人喚問が、秘密のうちに行なわれた。そしてやっと一月二六日になって、翌日に国王の面前で判決をいいわたすことが決められた。少なくとも国王にもう一度みずからの命乞いのチャンスを与えようというのだ。

❖判決下る

一月二七日、日曜日の午後に、法廷はふたたび開かれた。今日は判決をいいわたすために裁判長は緋色のガウンを着用していた。国王はまたしても弁護することを拒み、ただ、いいたいことがあるが、こんな法廷ではいやだ、議会の全員の前でいいたいのだ、といいはった。かれはあくまでも「国王と貴族院と庶民院」という伝統的な政治体制に固執していたのである。法廷はこの願いを退け、冷やかに死刑の判決をいいわたした。

国王が護衛に連れられて法廷を去ろうとしたとき、つめかけていた兵士たちはたばこの煙をかれの顔にはきかけて、「処刑！処刑！」と叫んだ、と伝えられている。しかし、法廷の外では同情がかれに集まった。かれの通りすぎるのを見ようと街頭に集まった群衆は、かれに涙を流し「神よ、国王を救いたまえ」とさえ口にした、といわれている。民衆の感情はまことに微妙なものであった。かれらはたしかに専制君主の暴虐に対して立ちあがり、ついにはかれの責任を追及する段階にまでつきすすんだ。しかし、かれらは依然として国王に対する幻想を捨てきれずに、国王のために涙し、国王に「殉教者」のイメージをかぶせるようにすらなるのである。しかし、国王によせられた同情には、もう一つの要素があったことを見のがしてはならない。それは裁判の過程にはっきり示された独立派と軍による独裁的な政治に対する、かれらの本能的な恐怖感である。国王の処刑を契機としておそらくはより直接的にかれらの日常生活に結びついてくるであろうところの政治の魔力が、かれらの目前を連れ去られてゆく犠牲者を通して実感として感じとられたのではなかったろうか。

❖国王殺し、クロムウェル

さて裁判の進行中のクロムウェルには、いささかの逡巡《しゅんじゅん》動揺も残されていなかったようにみえる。裁判の合法性を問題にしてひるみを見せた一裁判官に対して、かれが「王冠をつけたまま国王の首をはねよう」と語ったと伝えられ、また最初は二八人しか集まらなかった判決文への署名者を五九人までふやしたのは、ひとえにかれの奔走によるものと考えられている。この五九人は「国王殺し」として王政復古のさいには逆に裁判を受けることになったが、かれらは口をそろえていっさいの責任をクロムウェルに帰し、強制的に署名させられてしまったのだ、と語ってもいる。だがこのことはクロムウェルの死後のできごとでもあり、裁判という特殊事情からしても信用するにはたりないであろう。むしろ一史料のかたるように「関係者のすべては行動の自由を持っており、説得されもしなければ、強制されもしなかったことは、たしかである」と見るほうが当然であろう。したがってクロムウェル一人に国王処刑の責任がないことは明らかであるにしても、問題は残されているといわねばならない。すなわち、なにゆえクロムウェルは国王処刑に踏みきったのか、という疑問である。

裁判の進行中にクロムウェルは一度だけはっきりと自分の立場を表明している。それはスコットランドからの、国王の身体に危害を与えることは両国間のこれまでの盟約に対する違反ではないか、という公的な抗議にこたえるかたちでなされた。クロムウェルの反論はこうである。第一に、国王の権力は人民からの信託によるものであって、この信託にそむく行為はいかなる罪よりも罰せられてしかるべきだ、ということであり、第二に、両国間の盟約の目的は真の宗教を守ることにあるのだから、もしも国王がその障害となると判断された場合には処罰もやむをえない、ということである。

クロムウェルのあげた第一の理由は、国王に対する告発と線を同じくするものであって、裁判は、「チャールズ＝スチュアートは、この国の法によって統治すべき制限された権力を信託されていたにもかかわらず……絶対的・専制的に支配する権力をうちたてて維持し、国民の権利と自由をくつがえそうというよこしまな意図をいだいて……議会とそこに代表されている国民に反逆し不正な戦いをしかけた」として、国王の責任を追及するものであった。国王のふ

現在のホワイト-ホール

るった専制的支配を断罪するためには、国王裁判という先例のない専制的処置もやむをえない。これがこの裁判を導いた論理であった。ところでクロムウェルのあげる第二の理由はどうだろうか。私たちはスコットランドとの盟約がもっぱら宗教上の問題としてとらえられ、それがさらに国王の処刑と関連せしめられているところに、クロムウェルの真面目を認めることができるであろう。

❖国王の処刑

一六四九年一月三〇日は霜が一面におりた寒い朝であった。夜明けよりも二時間も前にめざめたチャールズは、ふだんよりも厚着をするから、と召使いに命じた。「この寒さで私はきっとふるえてしまうだろう。それが見ている人には恐怖でふるえているとうつるにちがいない」と。一〇時ごろ、かれは宿所からホワイトホールの宴会場と呼ばれた建物に連れていかれた。そこで祈りの

チャールズＩ世の処刑

ひとときを過ごしたのち、一時半ごろ外側にもうけられた処刑台の下に進みでたのであった。処刑台のまわりは武装した兵士が固めていた。そして衆人環視のもとで、斧を使って処刑が行なわれた。イギリスの人民たちは、かれらの歴史ではじめて国王の首をはねたのである。そしてこのようなできごとは、こんにちにいたるまで二度と起こってはいない。チャールズは最後まで毅然とした態度をくずさなかった。処刑が完全に終わったのは二時四分過ぎであったと伝えられている。

ちょうどそのころ、クロムウェルは士官たちを召集して会議を開いていた。何かせずにはいられない気持ちがそうさせたのであろう。国王を処刑するということによって軍隊にどんな非難が集まることになるか、かれらはやはり不安だった。そこでいったい神は何を考えておられるのかたずねてみよう、という提案がなされた。クロムウェルは立っていつものように長い祈禱を始めた。

その最中に、処刑が終わったという使者が到着する。それを聞いたクロムウェルはふりむいてこういいきった。「諸君、神は国王が生きるのを喜びたまわぬのだ」。神が喜びたまわぬ、神の決断は下った、こう考えてクロムウェルは、いっさいの迷い、ためらいをふりすてて立っている。かれにとっては国王の処刑が革命の進展の必然的な結果であるにしても、やはりこのような宗教的な確信が何ものにもまして必要だった。そして独立派の人びとはこれからのちも国王の処刑を聖書を根拠にして合理化し正当化しようと努めるのである。しかし民衆の心に焼きついた「殉教者チャールズ」というイメージは、なかなか消すことはできなかった。国王の遺著と称する『エイコン・バシリケ、国王の孤独と苦難の姿』は、政府の必死の取り締まりと詩人ミルトンの反駁《はんばく》にもかかわらず、当時のベスト・セラーになった。革命の前途はまさに多難といえよう。

IV

議会軍総司令官

——共和政とクロムウェル

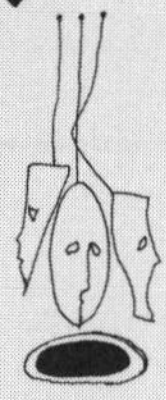

共和政の成立

❖重大な食い違い

革命はクライマックスに達し、伝統的な王制はあえなくついえさった。三月一七日にだされた法律は、「国王という職は、国民の自由と安全と公共の福祉にとって、不必要なものであり、負担の多いものであり、危険なものであって、国王の権力と特権とは、たいていの場合人民を抑圧し、しいたげ、奴隷とするために用いられた」として、正式に王制を廃止することを明らかにした。二日後に貴族院も「有害無益なもの」として廃止された。こうしてイングランドは、庶民院のみの議会によって統治されることになったが、長期議会は、はじめは五〇〇人近くの議員を有したにもかかわらず、内乱とパージとによって一〇〇人たらずが残っているにすぎなくなり、しかも議事に参加するものはわずかに五、六〇人内外であった。議会は文字どおりに「ランプ」――残りかすであって、義理にも「国民によって選出され、国民を代表する」ものとはいえないありさまであった。

そしてこの議会の下に国家行政の最高機関として国務会議が構成された。その任期は一年、定員は四一人であったが、実にその三二人までが議会の議員であり、残りの一〇人は軍隊の士官であった。この初代の国務会議を構成するメムバーを調べてみて興味ある事実は、議員で士官、しかも内乱勃発以来治安委員会などの委員をずっと務め、国王裁判に関係し、その死刑判決文にサインしたのは、オリヴァ＝クロムウェルただ一人という、この事実である。いってみればクロムウェルはこれまでの革命の全過程を一身に象徴している。たしかに公式にはクロムウェルは、フェアファックスの下の議会軍副司令官にすぎなかったが、外側から共和国政府をながめた場合は、クロムウェルこそ国王殺しの元兇であり、共和政の中心人物とみなされるという重大な食い違いが存在した。

食い違いは、たんにクロムウェル個人に関してのみ存在しただけではなかった。前にもみたようにランプ議会は本来ならば総選挙によって民意を問うてしかるべきであったが、なにしろ無理おしに共和国の樹立へと進んできた現在、危険が予想される方法はいっさいとることができなかった。「共和国はまだ幼児であって、

共和国のシール

成長もおそく、からだつきもかぼそい。だからそれを生んだ母親ほどこの子を育てるのに適したものはいない。もっと年をとって元気もでてから他の人の手に渡されるべきである」と、議員の一人は論じた。だがこの議論は大切な事実をまげて伝えている。いったいだれが共和国の母親であったのか、これである。ランプ議会は軍隊の武力による後押しがあってこそ辛うじて存在をゆるされていたのではなかったか。それなのに自分たちが母親だというのは、これまでの経過をあまりにも無視した強弁であった。ここにも食い違いが存在している。この食い違いはへたをすると致命傷にもなりかねない重大なものであった。

❖平等派の憤懣

かねてから平等派の人びとは、過去から切り離された新しい政治体制を、この革命を契機にしてつくりあげようと考えていた。そのつもりでかれらは国王の処刑に賛成し、共和国の実現に惜しみない支持を与えたのであった。ところが、どうも雲行きがあやしくなってきている。自分たちがあれほど「人民協定」という憲法が何よりもさきに必要であると力説したのに、独立派の軍幹部連中はまた軍会議（ホワイト－ホール会議）を開いて、「協定」の内容をめちゃくちゃにしてしまった。しかもこともあろうにこの協定は、残りかすの議会に処置を一任されてしまった。連中は議会との取引きですべてをかたづけようとしている。連中がかつてみせたわれわれへの接近は、われわれの協同を獲得するための方便ではなかったろうか。われわれがはらった高価な犠牲をかえりみることなく、独立派の連中は革命の成果を一人じめしようとしているのではないか。

裁判中のリルバーン

裏切られたことを知った平等派が黙っているはずはない。二月の末、指導者のリルバーンは新しい書物を書いて、共和国を「イングランドの新しい鉄の鎖」と呼んだ。クロムウェルをはじめとする独立派は、自分たちの野心の貫徹のために策略をろうするやからだ、「神慮の導きを待つ、とはかれらのいいぐさであるが、かれらは宗教にかこつけてだまそうとしているのだ」とかれは主張した。続けて他の論者も声を大にして訴えた。「議会は実はほんとうの議会ではなく、軍会議の代表にすぎず、軍会議はクロムウェル、アイアトン、ハリソンの代表にすぎない」と。独立派からの解放の叫びは、軍隊の兵士たちの間に、またロンドンの貧しい市民たちにも、大きな反響をひき起こした。

すておけなくなった政府は、三月末、これらの不穏文書を発禁処分にして、リルバーンら四人を逮捕しロンドン塔に投獄した。国務会議の審問に応ずる途中、リルバーンは隣の部屋の話し声を耳にした。それは、あきらかにクロムウェルの声であった。

「いっておくがね、諸君、かれら（平等派）をこなごなにやっつけてしまう以外には、この連中を扱う方法はない。もしもかれらをやっつけなかったら、かれらが君たちをやっつけるだろう。……君たちが長年かかって勤勉に苦労してつくりあげたすべてのものは、水泡に帰してしまう。……だから諸君はかれらをやっつけてしまう必要があるのだ」。クロムウェルは平等派を切ることを決意している。

❖外からの脅威

新政府に向けられた敵意は、平等派のような内部からのものだけではなかった。平等派の敵意は革命をいっそう徹底化しようとする立場からのものであったが、外からの敵意は、国王の処刑に恐怖を感じた反革命の立場からのものであり、それだけに共和国にとってはいっそう危険であった。そして外の動きは国王の遺児チャールズの動きと密接に結びついており、国王処刑のニュースにふるえあがった諸外国は、いっせいにかれに援助の手をさしのべたのである。

二月のはじめ、かれはハーグでチャールズ二世として即位し、スコットランドとアイルランドはただちにかれを国王として承認した。一九歳の亡命国王は、失地回復を決意して、スコットランドかアイルランドに渡ってイングランドに攻め入り、共和国を打倒して王政復古を実現しようとする計画をたてた。これに応じてスコットランドとアイルランドの情勢も変化した。海上ではリュパート王子のひきいる艦隊が掠奪行為を続けて、いつでも新国王の援助にかけつける態勢を整えていた。国王派の残党も活動を開始する徴候《ちょうこう》を示し始めた。政府は、こうした反革命の動きを粉砕するために、その拠点の一つアイルランドを征服することを決意し、三月末に改めてクロムウェルを征服軍の司令官に任命した。

しかしながらアイルランド征服は、じつは共和国の内部の危機を回避するための手段でもあった。指導者の逮捕・投獄にもかかわらず、平等派の大衆運動はいちだんとひろがりをみせ、バッキンガムシァには農民運動がおこり、さらに四月はじめにはウィンスタンリにひきいられた「ディッガーズ」の運動が、一種の共産主義的な理想のもとに実践活動を始めている。このまま放置すれば、政権は内部分解をとげることにもなりかねない。兵士たちのエネルギーを有効に利用して、外からの危機を押しつぶしてしまおう、と独立派のグランディーズは考えた。平等派がこの策略に気づかないはずはない。かれらは、自分たちのエネルギーが、中途半端なかたちで革命を停止させるために浪費されることに我慢がならなかった。

❖平等派の弾圧

「イングランドの自由と兵士の権利を守ろう」という呼びかけにこたえて、兵士は団結して立ちあがった。四月一七日、アイルランド遠征軍の選抜にあたって、一部のものは平等派の要求がいれられないかぎり遠征を拒否する態度を示し、ついで二四日にはロンドン駐屯中のウェーリ連隊に反乱が起こった。説得がなんらの効果も生まないことを知ったクロムウェルは、運動の鎮圧を決意し、首謀者を軍法会議にかけ、まだ二三歳の若者で六年の青春の歳月を革命と軍隊に賭けたロバート＝ロッキアを銃殺してしまった。二九日に行なわれたかれの葬式には平等派のシンボルである緑のリボンをつけた数千の兵士とロンドン市民が参加して、自由の犠牲となったこの若者のために涙し、葬式は政府攻撃のための一大デモンストレーションと化した。

五月にはいると不穏な空気はいっそう濃くなった。一日には獄中にあった四人の平等派の指導者が獄中から改めて「人民協定」の改定版を発表して訴えた。これにこたえてソールズベリで四連隊、バンベリではウィリアム＝トムソンの騎兵部隊が「イングランドの軍旗は進む」という宣言をかかげて反乱を起こし、反政府の気勢をあげた。事態は一刻の猶予もゆるさなかった。クロムウェルはただちに行動を開始した。フェアファックスといっしょにハイド＝パークで自分の連隊を閲兵したクロムウェルは、兵士たちに向かって、人民協定を実行に移すこと、新議会を召集すること、給与の未払い分を支払うこと、などを公約した。軍法会議の恐怖が兵士たちの心をとらえ始め、兵士たちは将軍につき従った。こうして自分の連隊を掌握したクロムウェルとフェアファックスは、反乱の中心地バーフォードに向かって軍を進めた。そこで露営していた平等派の部隊に奇襲をかけ、ただちに軍事裁判を開いて首謀者四人を処刑した。やっとのことで危地をのがれたトムソンも、五月一七日戦死してしまい、平等派と兵士たちの反乱は完全に鎮圧された。

❖革命の転換点

これが組織的な平等派の反乱の最後であった。この基礎の上に立って五月一九日、共和国宣言が発表された。「イングランドおよびそれに属するすべての領土・地域の人民は、ここに共和国・自由国となり……この国の最高権威である議会における国民の代表と、国民の福祉のために議会によって任命される官吏によって、国王や貴族院なしに統治される」。

国王の処刑から共和国の成立にいたる三か月の期間は、ピューリタン革命の転換点であった。神の前での自由・平等というピューリタン的な観点から「聖者の軍隊」に加わった兵士たちは、平等派に結集して社会的な自由・平等を希求した。かれらの敗北は、ふたたび純粋なピューリタン的観念への復帰をもたらすであろう。それだけではない。四月から五月にかけて高まった大衆運動を冷やかに眺めていた一団の人びとがいた。かれらはロッキアの葬式を「議会と軍隊に対する侮辱である」とみなして、その葬列に加わることを拒んだ。この人びとが、平等派の反乱が鎮圧された知らせを聞いて、六月七日クロムウェルをはじめとする全議員、軍隊士官を招いて、共和制成立を祝う祝賀会を開いた。クロムウェルとフェアファックスに感謝のしるしとして黄金が贈られたことこそ、この会の性質をあますところなくものがたっているといえよう。それは新しい共和国の誕生を祝うというよりは、平等派の弾圧成功、すなわち革命の停止を祝うための会だったのである。平等派を自分の戦列から切り離して前よりもいっそう狭い基盤の上に立たざるをえなくなった独立派の共和制政権は、この人びと、すなわちロンドン市当局に代表される保守勢力との提携をいっそう深めることになる。

この動きと同時に、平等派運動の消滅が軍隊自身に与えた影響を、私たちは見のがしてはならない。平等派が粛清されたことによって軍隊のなかでのグランディーズと一般兵士たちとの対立も消えてしまった。もはや軍隊は指揮官の命令のままに忠実に動く存在になりおおせる。いうなれば軍隊のなかにグランディーズたちの独裁体制が強力にはりめぐらされたのである。革命は停止し、大きく右旋回をとげる可能性が生まれてきた。

アイルランドとスコットランドの征服

❖アイルランドの情勢

クロムウェルがアイルランド遠征軍の司令官に任命されたのは、三月末のことであったから、それから三か月もの月日がたったことになる。基礎固めの工作を余儀なくされた共和国政府もやっとアイルランドの問題に手をのばす余裕ができた。充分な装備と糧食を条件にしていたクロムウェルは改めてアイルランド総督に、またかれの片腕アイアトンが副司令官に任命されて、七月ロンドンを出発、ブリストルをへてアイルランドに向かった。それではクロムウェル軍を迎えるアイルランドはどんな情勢にあったのであろうか。

四一年夏のアイルランド反乱にさいして国王によってアイルランドに派遣されたオルモンド侯は、内戦が国王側にとって決定的に不利になったため、四七年の夏に総督の職を辞してフランスに亡命してしまったが、一年ほどしてまたアイルランドに帰ってきて、国王派とカトリッ

アイルランドに船出するクロムウェル　のりくむのはかれとアイアトンとヒューソン。光明から暗黒への旅であることを皮肉っている。国王派のトランプの図。

クの同盟軍の結成につとめた。そこに伝えられた国王処刑のニュースは、この地の国王派の勢力を増大せしめた。こうしてアイルランドはオルモンドの指導のもとに反革命の一つの重要な拠点となりつつあったのである。一方この地には、イングランドの議会側からはマイクル＝ジョーンズ指揮の議会軍が派遣されており、ダブリンをはじめとするいくつかの都市はおさえていたが、その勢力は弱体であって決定的な勝利はとうてい握れそうもなかった。このときに、クロムウェル軍が送りこまれてきたのである。

アイルランド

❖アイルランド上陸

クロムウェルは八月一三日ブリストルを出帆し、一五日「緑の島」アイルランドに上陸した。おりからジョーンズの議会軍がラスマインズというところでオルモンド軍を打ち破ったという情報がもたらされた。「これは驚くべき神のみめぐみです。その偉大さといい、時をえた点といい、まさに夢に見たままそっくりです。われわれの心は神への感謝でいっぱいで、口をついては神をあがめる言葉がでてまいります。……このことは、この困難なときにあたって、われわれの信仰と愛とを強めてくれるようです。神が私をお招きくださったすべてのことにおいて、主にふさわしい道を私が歩くように、お祈りください」。この手紙からクロムウェルが前にもましていっそう使命感を感じていたことが、はっきり知られるではないか。自分は神の道具である、神の導きのままに使命に身を投げだすであろう。この考えがアイルランドにおけるクロムウェルの行動の基調となるのである。

さて、八月一五日ダブリンに到着したクロムウェルは、集まってきた市民たちに向かって、このたびの遠征は、神意にもとづくものであり、野蛮で血にうえたアイルランド人に対して神の福音を宣布し、真理と平和を確立し、かつての幸福と平穏とをとりもどすためのものであって、この目的に協力を惜しまない人には、イギリスの議会が保護の手をさしのばし、また報いるであろう、と演説した。ついで一週間ほどたって全アイルランドに対してつぎのような宣言が発表された。「全軍の進軍開始にあたり、兵士が民衆を侮辱したり掠奪したり暴行を加えたりすることを禁止する。違反者には厳罰をもって処する」と。それはまさしくこれまでの「聖者の軍隊」にふさわしい出発であった。だが、かれらはいつまでも「聖者」でいられたであろうか。戦闘の経過を追わねばならない。

❖残虐行為

クロムウェルの戦力は、かれがイングランドからつれてきた部隊が約一万五、〇〇〇、ジョーンズ軍が約五、〇〇〇であった。この二つが合体して、まずダブリンから北上し三〇マイルほど離れたドローエダを攻撃した。この地を守っていたアイルランド軍はクロムウェルの降伏勧告を退けて頑強に抵抗した。抵抗する敵は生かしておくなという命令を下して、夜にはいって攻撃に移ったクロムウェルは、立てこもった将兵のみならず、教会の聖職者をも捕えて、数千の人命を奪った。

ドローエダを攻略したクロムウェルは、ただちに南下して一〇月はじめにはウェックスフォードを攻撃する態勢を整えた。この地はブリストルをのぞむ海港であって、国王派の海賊活動の根拠地であったが、守備側に寝返るものがあったため、クロムウェルは比較的容易にこの地を攻めおとすことができた。だが、ドローエダで荒れ狂った血はここでも残虐さを発揮せずにはいられなかった。退却しようとする婦女子をふくめた三〇〇人ほどの市民を乗せた二隻のボートが、クロムウェル軍の砲撃を受けて沈没し、全員海底の藻くずと消えたのであった。

ドローエダ、ウェックスフォードと、クロムウェルのアイルランド遠征は、どうしても消すことのできない汚点を後に残した。

ドローエダの勝利をクロムウェルはつぎのように報告している。「これは、多くの無実な人びとの血でその手をそめた野蛮な恥しらずどもへの、神の正しい裁きであると、私は確信する。そしてこれによって将来の流血が阻止されるであろうことも。だからかかる行為も充分な根拠を持っているのだ。それがなければ自責と悔恨の気持ちでいっぱいになるところだが」と。またウェックスフォードについてはこういっている。「神は予期もしないような摂理によって……かれら（アイルランド人）に正しい裁きを与えたまい、かれらをしてわが兵士の餌食《えじき》たらしめたもうた。……多くのあわれなプロテスタントに加えた残虐行為に、かれらはその血をもって償いをしたのである」と。

❖「神の導き」と報復行為

この戦況報告の文面から、私たちは二つのことを読みとることができるであろう。第一はクロムウェルにとってはアイルランド人に加えた残虐行為もやはり「神の導き」にほかならなかったこと、これであり、第二はかれがその行為をかつて同胞に加えられた暴行に対する報復として正当視していること、これである。「神の導き」を確信することがクロムウェルの行動のエネルギーであった。ところがここではそれが方向を変えて、アイルランドを侵略し住民に残虐行為をあえて加える場合にも、かれは、「神の導き」を持ちだしてはばからないのである。

だが私たちは、クロムウェルの心に、あの四一年の反乱のさいにイギリス人のプロテスタントたちに加えられた大虐殺の記憶が強く残っていたことも見のがしてはならない。そこから生まれたカトリックに対する徹底した憎悪・反感も、クロムウェルの行動の原動力だったのである。「アイルランドはイングランドに結びつけられていた。イングランド人たちは、自分や祖先が君たちや君たちの祖先からお金をだして買った相続財産を持っていた。かれらは将来に向かってアイルランド人から土地を借り受けていた。そこには家畜もいた。家や農場は自分たちの費用で建てたものなのだ。かれらは君たちの間で平和に正直に生活していた。君たちは一般にイングランド人と同等に保護を受ける恩恵に浴しており、裁判の点でも平等だった。ただ例外は、国家が必要とするとき、たとえば、君たちのような連中の扇動によって、民衆が反乱を起こすおそれのあるときのことだけだ。君たちがこの結びつきを破ってしまった。君たちは正当な理由もなく、これまで陽の下では行なわれたこともないほど残酷な虐殺行為を、老若男女を問わずイングランド人に加えた。しかもアイルランドが完全に平和だったときにおいてだ。神が君たちとともにいますだろうか。絶対にそうではない」。クロムウェルの発した「宣言」の一部である。

❖帝国主義者クロムウェル

要するに、本国では自由の戦士であったクロムウェルも、外に向かっては自由についいて驚くほど無理解であり、不寛容であった。そして「聖者の軍隊」もたんなる植民地侵略軍に変貌してしまい、原住民の大量虐殺もいとわなかったのである。アイルランドを植民地として本国にしばりつけておくことに、クロムウェルはいささかの疑いも持たなかった。ここには「帝国主義者」の原型としてのクロムウェルの姿が現われている。たしかにクロムウェルの意図は宗教的理念に根ざしていた。しかし、かれの遠征ののちに「緑の島」を訪れた運命は、まさしく帝国主義的植民地下のそれと異なるところはない。五二年には「アイルランド植民法」が発布されて、反乱に加担した人びとからの大規模な土地の収奪が開始され、その結果、土地の三分の二は所有者を変えた。「緑の島」の景観は一変し、どこに行っても目につくのは荒廃した悲惨な情景ばかりとなった。それが後のアイルランド問題の出発点である。

アイルランド遠征は不安定な共和国政権へのてこ入れの役割を果たすべきものであった。したがってその成果がこの目的のために利用されたのは当然であった。イングランドが手に入れた莫大な土地財産は、政府の債権者たち――ロンドンの金融商人と、給料の未払いにあえいでいた兵士への支払いにあてられた。それは共和国政権の重大な変質を招くことになる。五〇年五月二六日、クロムウェルは後事をアイアトンに託して、「緑の島」をあとにした。

❖議会軍総司令官になる

国王の処刑を契機として、スコットランドの情勢も変わった。この地の長老派の間でくすぶっていた独立派への反感が、貴族たちの反革命の志向と結びついて、チャールズの遺児支持へと向かわせたからである。チャールズ二世は、一六五〇年六月大陸を離れて、スコットランドへ渡ってきた。イングランドとスコットランドの戦いは不可避となった。

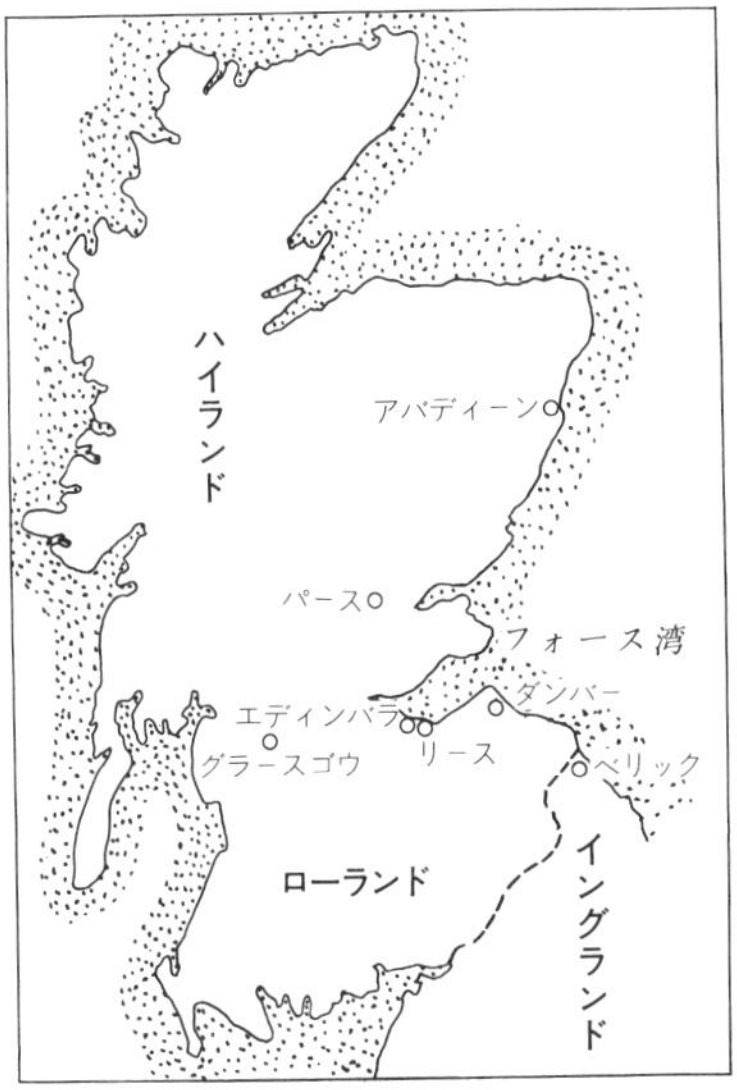

スコットランド

しかしスコットランドがかつて「厳粛な同盟と契約」を結んでともに戦った間柄であり、またそれによって革命の危機が何度も救われたことがあっただけに、この戦いに躊躇を感じた人が多かったのも当然であった。その典型的な存在が議会軍総司令官フェアファックスである。かれはスコットランドからの侵入に対抗することは肯《がえん》じても、みずからが侵略者になることは欲せず、辞職を決意して引退しようとした。議会は早速クロムウェルらを派遣して、かれに飜意を求めた。クロムウェルは意をつくして説得につとめ、スコットランドへの遠征は別として総司令官の職に留まるよう懇願したが、フェアファックスの辞意は変わらなかった。

そこで議会は、六月二六日、スコットランドを攻撃する宣言を発表し、改めてクロムウェルを議会軍総司令官に任命した。その直後かれは配下の将校ラドローに向かって自分の決意を語っている。私は「自由で平等な共和国」に国民を安住させたいのだ、これこそスチュアート朝の復活を阻止する最善のみちである、と。この考えに異論をはさむものはおそらくいないであろう。まさしくアインランド遠征もこれからのスコットランド遠征も、共和国政権の安定策であったのだから。だがここで興味をひくのは、クロムウェルが目前に進行している事態を、旧約聖書の「詩篇」第一一〇篇に書かれているものとそっくりであると認識して、えんえん一時間にもわたってこの詩句の講釈をしている事実である。

❖ 民をひきいるダヴィデ

「詩篇」第一一〇篇は、全イスラエルを統一し、またたびたび外敵の脅威から国を救った、あの旧約聖書の英雄ダヴィデの歌の一つであり、それにはつぎのような詩句がみられる。

主はわが主にいわれる、

「私があなたのもろもろの敵を
あなたの足台とするまで、私の右に坐せよ」と。
主はあなたの力ある杖をシオンからだされる。
あなたはもろもろの敵のなかで治めよ。
あなたの民は、あなたがその軍勢を
聖なる山々にみちびく日に
心から喜んでおのれをささげるであろう。
あなたの若者は朝の胎《たい》からでる露のように
あなたにくるであろう。
…………………………
主はあなたの右におられて、
その怒りの日に王たちを打ち破られる。
主はもろもろの国のなかで裁きを行ない、
屍をもって満たし、
広い地を治める首領たちを打ち破られる。
…………………………

たしかにクロムウェルは、これまで何度も「神の導き」によって敵を屈伏させることができた。そしてかれにとっては讃美歌をうたいながら進軍する「聖者の軍隊」は、この詩篇の「シオンからだされる」「力ある杖」であり、兵士たちは「朝の胎からでる露のよう」な若者にほかならなかった。だがそれよりも大事なことは、クロムウェルがこの「詩篇」を自分の使命をうたったものと感じとっている、満々たる自信である。国民は、イスラエルの民のように、ダヴィデである自分に、「心から喜んでおのれをささげるであろう」。そして神は「その怒りの日に王たちを打ち破られる」。

総司令官に昇進したクロムウェルは、前よりもいっそう「神の導き」を確信して立っている。だがこのこと以外に、クロムウェルが自分をダヴィデになぞらえたことには、もっと現実的な配慮があったように思われる。それはすくなくとも動機という観点からすれば、きたるべきスコットランド戦はアイルランド戦とは異なるものがあるべきであったからである。そこには敵意をかきたてる「大虐殺」は存在せず、あるのはともに武器をとって戦った友好の記憶である。そのスコットランドに対して戦いを挑むためには、改めてこの戦いを正当化する必要があることを慧眼《けんがん》なクロムウェルが見おとすはずはなかった。それゆえ、かれは前にもましていっそう、自分の考えの正しさの保証を聖書に求め、「聖者の軍隊」の気分をもりあげる必要があったのである。

❖ダンバーの戦い

クロムウェルの指揮下に一万六、〇〇〇の議会軍は、七月二二日に国境のツウィード川を渡ってスコットランドにはいった。しばらくの間両軍はさぐりあいのかたちで一進一退を続けた。そして八月末、議会軍はダンバーに拠をかまえ、レスリー指揮のスコットランド軍はこの町を見下ろす小高い丘に三万の兵力で陣をはった。海路以外の道を遮断され、しかも兵力・装備ともにイングランド軍は不利であった。しかしクロムウェルはあわてなかった。一目撃者は書いている。「オリヴァは神から受けた衝動を持ち続けていた。あたかも酔っぱらったように呵々《かか》大笑《たいしょう》し、目はらんらんと輝いていた」と。

九月二日、いつものようにかれは士官たちに祈禱集会を開くことを命じた。その直後敵陣を偵察にでかけたかれは、敵が行動を開始しようとしているのを知った。「神はかれらをわが手に渡されんとしている。敵がやってくる」。かれのたてた作戦はつぎのようなものだった。ラムバートの騎兵隊に敵の右翼を攻撃させる。これが成功すれば敵は川と丘にはさまれた狭い平地に大兵力がつめこまれることになって、大混乱を起こすにちがいない。そこがチャンスだ。九月三日の早晩、作戦は開始された。月も出ず風雨まじりの天候がクロムウェルに味方した。ラムバートの緒戦の成功に気をよくしたクロムウェルは、「神よ立ちあがって、その敵を散ら

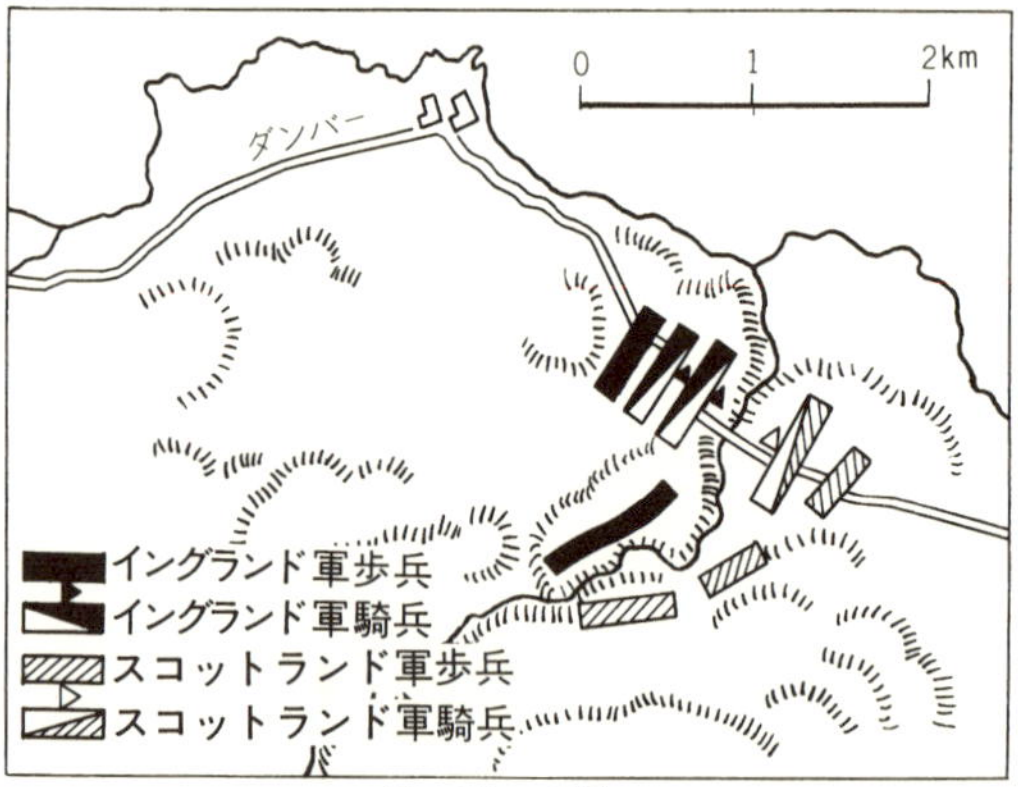

ダンバーの戦い

し、神を憎むものを御前から逃げ去らせてください」という「詩篇」の文句（第六八篇）を口ずさみながら、敵の側面に得意の攻撃をかけた。作戦はみごと図にあたった。敵は逃げ場を失い、戦死三、〇〇〇、捕虜一万という損害をだし、壊滅してしまった。それにひきかえクロムウェル軍の犠牲はわずかに二〇人にすぎなかった。

クロムウェルは部隊の進軍を一時とめて、「詩篇」第一一七篇の斉唱を命じた。「もろもろの国よ、主をほめたたえよ。もろもろの民よ、主をたたえまつれ……」。

❖戦勝報告

危機が去ったとき、クロムウェルがどれほど歓喜したかは想像にあまりあるであろう。それはかれがただちにペンをとって実に七人もの人びとに戦勝を報告しているところからも知られるのである。なかでももっとも詳しい議長レンソールあての報告にはこう書かれている。「どうかこの戦勝によって、われわれ軍人を重んずることなく、ただ神のみを重んじられんことを。これが閣下につかえるわれわれ軍人の願いである。神の国民をいっそう重んじられよ。かれらはイスラエルの戦車であり騎兵であるから。閣下自身を重んじられることなく、議長たる職権を重んじられよ。そしていかなる口実のもとであれイングランドの平穏をかきみだす高慢無礼なやからを拘束し、圧制に苦しむものを救い、あわれな囚人のうめき声に耳をかたむけることに、その職権を用いられんことを。あらゆる職業の悪弊をよろこんで改革されんことを。もしも多くのあわれなものの犠牲において少数者が金持になるようなことがあれば、それは共和国にふさわしくないことである」。

この手紙はたんなる戦勝報告の域を脱しており、むしろ共和国の施政方針とさえみられるであろう。このような内容の手紙を、議会によって召集された軍隊の司令官がその上司たる議長に向かって書いているのである。クロムウェルは自分の理想とする政治を、武力による勝利を背景にして、直接当面の最高責任者たる議長に訴えた。もしも議長をはじめとする政府当局者が、クロムウェルのこの要請にこたえることができなかったら、いったいどうなるのか。

❖「衰えが襲ってくる」

ダンバーの戦いは、第一次内乱におけるネーズビーのそれに匹敵するほど重大なものであったが、これでスコットランド戦がすべてかたづいてしまったわけではなかった。戦闘はこののち一年間も続いている。それはダンバーの敗戦の結果おさだまりの内部分裂がスコットランド側に起き決戦を避ける態度にでたためであった。クロムウェルはこの間エディンバラをはじめとするローランド地方をおさえる一方、ハイランドにも部隊を派遣して、持久戦の態勢を整えた。

だが、クロムウェルがただちに敵を徹底的にやっつけることができなかったのにはかれの健康上の理由もあった。ダンバーの戦勝を告げた妻への手紙に「私はずいぶん年をとってしまった。年とともに衰えがひそかに襲ってくるのをとても感じる」ともらしていたかれは、五一年の二月、病いの床に倒れ、一時回復したかにみえたが、四月中旬またしても発病した。政府はただちに医師二名を派遣し、クロムウェルに静養のため帰国するよう命じた。しかしこのときも短期間で奇跡的に回復し、六月にはふたたび指揮をとることができるようになった。この病いが、またまたかれに神のめぐみの偉大さを深く確信させるようになったことは、想像に難くないところである。

❖スコットランド戦の終結

夏にはいって戦局は動き始めた。長老派にも見放されたチャールズ二世が、こんどはイングランドの国王派が立ちあがることを期待して、八月五日国境をこえて侵入してきたからである。

それはチャールズにとって乾坤一擲《けんこんいってき》の大ばくちであった。そして国王派の蜂起を期待して、比較的同情の多いとみられていた西部のルートを通って、八月二二日ウースターまで進出してきた。虚をつかれたかたちとなったクロムウェルは、歴戦の精鋭をひきつれていちはやく東部ルートをへてとって返し、敵に応戦する用意を整えた。他の議会軍部隊も集まってきた。そして奇しくもダンバーの戦いからちょうど一年目の五一年九月三日、ウースターにおいて両軍がぶつかりあったのである。

クロムウェルは文字どおり陣頭に立って突撃をかけ、血なまぐさい戦闘が三時間も続いた。しかし、圧倒的な兵力を誇る議会軍の前に、国王軍は決定的な敗北を喫し、司令官のレスリーをはじめとする六、〇〇〇以上の捕虜をだして壊滅してしまった。チャールズは変装に身をやつして必死の逃亡を続け、やっとのことで一〇月末単身フランスに渡った。この戦闘でもクロムウェルは議長に報告を送り、「神のみめぐみの大きさは私の想像以上でありました。それはまさに最後をかざるにふさわしいみめぐみです」と、神をほめたたえたのであった。

この戦闘がじつに前後一〇年近くも続いた内乱の最後であった。ともかくも二つの遠征の成功によって、共和国は外からの反革命の危険を遠ざけて、いちおうの安定を獲得することができた。だがそれは真の安定だったのであろうか。

共和政のたそがれ

❖議会解散問題

一六五一年九月一二日、凱旋将軍クロムウェルはロンドンに帰ってきた。しかし、クロムウェルを迎えた共和国政権は決して安定したものではなく、そこにはさしせまった解決を要求する問題が山積していた。まず第一の問題は憲政問題である。共和国の誕生以来、いわば一種の便宜策として、「ランプ」議会が権力を握り続けている。だがこのへんで新しい議会を選挙するなり、またもしも総選挙に危険な要素があるのなら、べつの角度から新しい政体を検討してみてはどうか、という声が高まってきている。憲政問題のほかにも、共和国のすきをねらっているヨーロッパ諸国に対抗していくためには、強力な外交政策を展開することが必要であり、また共和国の財政は日ましに苦しくなっている。そのうえエネルギーを対外侵略にそらされていた軍隊が、クロムウェルを先頭に立てて政治にくちばしを入れてくることが当然予想された

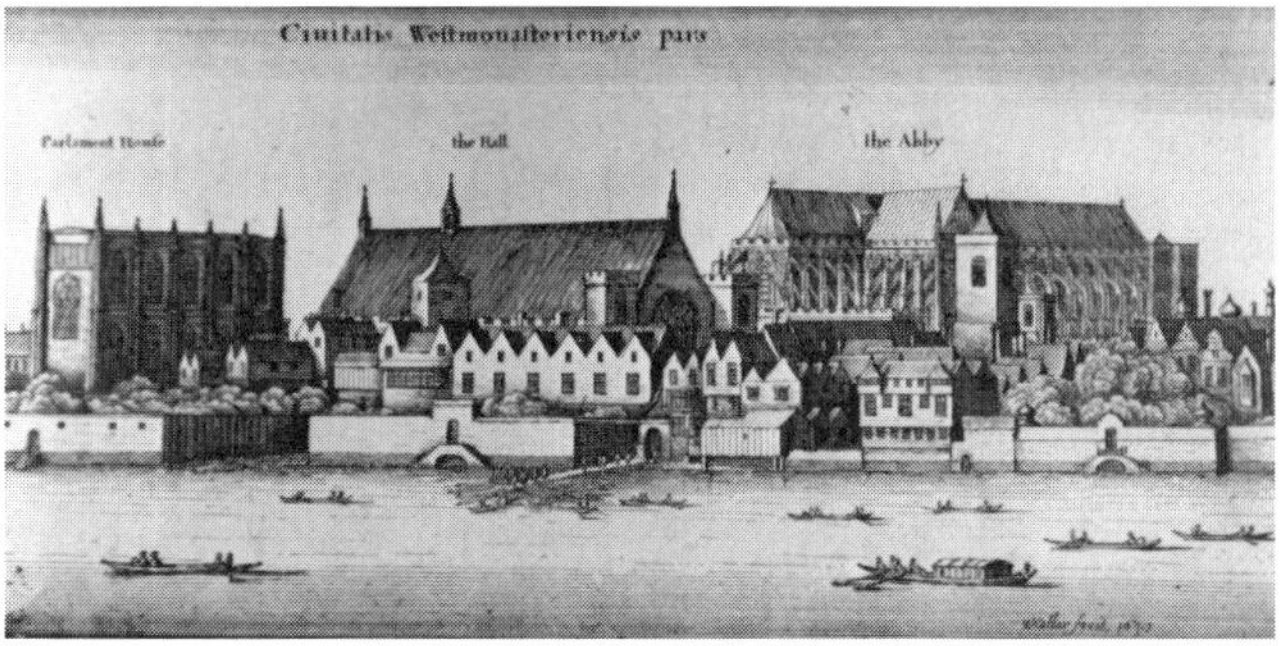

17世紀のウェストミンスター附近

ので、クロムウェルと軍部に対する警戒の気持ちが議員たちをとらえ始めた。ここに軍隊に対抗するものとしての新しい「議会派」が誕生した。それは革命の中核であった独立派が分裂したことを意味する。ヴェーンを中心とするこの議会派の面々は、まず第一に政治家であって付随的に独立派であった、とはある史家の意見であるが、政治においても独立派の教義を固く守り、むしろその教義を世俗政治に実現させようとしていたクロムウェルとは、かれらはいささか質を異にする存在であった。

議会派は、総選挙を避けることに全力を注いだ。そして軍隊などからの猛烈な反対をいなしながら、けっきょく四九対四七という少差をもって、三年後の五四年一一月三日に現議会を解散するという決定を下した。一一月一四日のことである。これは即時解散を主張していた軍隊に対する議会のいちおうの勝利であったとみることができよう。だがそれにもかかわらずクロムウェルの地位はゆるがなかった。五日後の第四次国務会議議員の選挙で、かれは満票を獲得して最高点で当選している。

❖政体の模索

議会の決定で憲政上の問題がすっかりかたづいてしまったわけではなかった。むしろ最終的な決定が三年先に持ちこされてしまっただけに、問題はくすぶり続けるのである。そうした空気を反映して一二月一〇日、クロムウェルの要請によって、主だった議員と軍隊士官の代表との会合が、議会の議長レンソールの邸で開かれている。デズバラとかウェーリといった士官たちは、「いったいなにゆえ、この国が他の国のように共和国というかたちで統治されてはいけないのか」と主張して、自分たちの戦いの成果である共和制を守りぬこうとする決意を示した。ところが法律家の出身者が多かった議員たちは正反対の態度をとった。かれらは「イングランドの法律は、君主制の権力と実践とでおりあげられたものである。だから、なんらかのかたちで君主制をふくまないような政府をつくることは、われわれの法律の手続きに重大な変更を加えることになる」といって、一見、法技術論のようなかたちをとりながらも、君主制に固執する態度を示した。議員たちは共和国を樹立しておきながら伝統的な君主制に対する郷愁を完全に消してしまうことができなかったのである。クロムウェルは、文字どおり軍隊士官の首領として共和制を積極的に主張すべきはずであった。だがこの日のかれの発言はこうであった。「イギリス人としてまたクリスチャンとしてのわれわれの権利を安全に維持するためには、なんらかのかたちで君主制的な権力をふくんでいる体制が、もっとも効果的なように思える」と。クロムウェルは議員たちに同調している。かれは軍隊士官たちの先頭には立っていないのだ。

❖財政危機

ところでこれからのちの歴史を動かしていったものは、このような憲政問題ではなくて、共和国の財政問題であった。実に財政の点に共和国政権の不安定さがもっとも端的に示されていたのである。正確な数字とはいえないが、五一年春には約八〇万ポンドの赤字をだしており、そのほかにも軍隊の給料未払いなど莫大な負債をかかえていた。このような財政危機にさいしてとられた手段は二つあった。一つはいうまでもなく課税の増額である。ところが関税・消費税を重くすることには、それが国民の日常生活に直接ひびいてくるし、また貿易活動を妨げるおそれがあるため、限度があった。また内乱の戦費にあてるために月割税という臨時税も課せられていたが、これは各州ごとに税率が異なり、富裕なロンドン市や特定の州だけに重かったために非常に不評判であったので、これをふやすことにも困難があった。そこでとられた第二の手段が土地政策である。これまで革命政府は、敵に参加した人びとの土地を差し押さえて、示談に応ずる人から示談金をとりたてるという方法をとっていたが、財政難にせまられてそんな悠長《ゆうちょう》な手段をとっていられなくなり、直接土地を没収してしまってそれを売りさばいて収入をあげようと計画した。そして、対象となった土地も、教会領から国王領、国王派の人びとの所領へと、しだいに範囲がひろげられることになった。だが、売り払われる土地にも限度があったから、この土地政策も根本的な財政難の解決策とはならず、むしろ土地の移動によって大きな社会的変動をひき起こし、ひいては共和国政権そのものにも影響してくることになる。

財政難のいちばん大きな原因は、軍隊の維持費用にあると議会が考えたのも無理からぬところであった。議会はスコットランド戦の終了をチャンスとして、五一年の秋ごろから軍隊の縮小を検討し始めた。ところがそこに外交問題がからんできたのである。

❖航海法と対オランダ戦争

一六五一年一〇月、あの有名な「航海法」が議会を通過した。それは普通クロムウェルの航海法と呼ばれているが、実際にはその制定にはかれは関係がなく、近年の研究によるとモーリス=トムソンという密貿易商人の一派がこの政策を推進したと考えられている。植民地貿易のイギリス船舶による独占を狙ったこの法は、重商主義政策の典型的なものと評価され、イギリスの植民・外交政策の一大転回点と考えられているが、そもそも念頭にあったのはオランダとの貿易競争であった。この航海法をうけて政府は、オランダとの同盟と仲介貿易の拠点をアムステルダムからロンドンに移すことを提案し、オランダがそれを拒否すると、宣戦を布告した。

「イギリスでは政府と貿易が同じ人間によって支配されているから、商業と貿易は大発展をとげつつある」とヴェネツィアの大使は本国に報告しているが、共和制政府の外交政策に貿易商人の及ぼす影響力はこれほど高まっていたのであった。

航海法とそれが原因になったオランダ戦争に対するクロムウェルの姿勢は、史料の上ではかなり曖昧《あいまい》である。かれの構想に、フランスに対抗して全ヨーロッパのプロテスタント同盟を結成しようという意図があったことを認めようとする立場からすれば、かれがこの戦争に熱意を示さなかったとみるのは当然である。しかし後の歴史からみて、かれはやはりオランダとの商業上の対抗をかなり意識していたことが知られるのであって、この時点のかれにとってむしろ問題であったのは、この政策が海軍力の増強を口実に陸軍の削減をもたらすことにあった。

❖再度の軍隊の危機

まさに情勢はかつての四七年春と同様な「軍隊の危機」であった。かつては平等派の指導のもとに一人一人の兵士が自分の権利を守るために立ちあがったのであったが、今度は個々の兵士よりも、制度・機構としての軍隊そのものを守ろうという要求が強く前面におしだされていることが知られる。前に見たように、政府が没収地の売却をおしすすめた理由の最大のものは、兵士たちに未払い分の給料を支払うことにあった。ところがこれにはデベンチュアという制度がからんでいた。デベンチュアとは兵士たちに未払い給料を支払うことを保証する土地を担保にした証書であって、ことにアイルランドの侵略地を担保にして大規模に発行された。給料の遅配にあえいでいた兵士たちは将来の保証よりも現在の満足を求めて、額面よりもはるかに安い値でこの証書を売り払わなければならなかった。証書は投機の対象とさえなった。かれらの困窮をよそに、経済的にゆとりのある上級士官やロンドン商人たちがこの証書を買いしめて、安い土地を手に入れる一方、兵士たちは長年の血と涙の結晶である証書を手放してしまって、ひたすら現在の軍隊の職にしがみつかざるをえなくなった。もしも軍隊が削減されるようなことになれば、かれらは路頭に迷うことになるであろう。だから軍隊の削減問題で上級将校たちが議会と深刻に対立している現在、自分たちの生活を守るには士官を助けねばならない、と、かれらは考えたのであった。この基礎のうえに立って、五二年の八月ごろから、軍の議会攻撃はいちだんと激しさを加えるようになった。その中心となった士官会議は、八月一三日「軍隊の宣言」を発表して、議会に対して請願するとともに、兵士たちへの訴えかけを開始した。

❖クロムウェル派とハリソン派

「軍隊の宣言」には「現議会の解散と新議会選挙のための」というただしがきがついている。ところがこの宣言には、教会体制の改善、十分の一税廃止、腐敗官吏の免職、税制の改革、国庫制度の確立、兵士の未払い給料の支払い、貧民救済、法律改正など、じつに広汎な社会改革の要求が掲げられているにもかかわらず、肝心の議会解散という要求は見られないのである。ただ将来の選挙においては共和国を守る人びとが選出されるよう配慮してほしい、と、おとなしく請願するに留まっている。いろいろ史料を検討してみると、どうもクロムウェルが士官会議の原案を修正して、議会解散要求をけずって、解散へとたかぶってきた軍の動きに水をかけてしまったのが、この要求削除の理由のようである。「かれは、巧妙にもあらゆる攻撃を避け、議会と軍隊の両方に気に入られるようにした」といわれているように、この段階でのかれの行動のウェイトは議会のほうにかかっていたとみられる。自分の議会軍総司令官という地位は議会の任命によるものであり、しかも自分は議員の一人であるという意識が、依然としてかれの行動をしばりつけていた。

こうみてくると、一致した行動をとっているように見えた軍隊の内部には、複雑な情勢が渦まいていたようである。当時のある手紙はつぎのようにいっている。「士官会議はクロムウェル派とハリソン派の二派に分裂している。クロムウェル派は……もしもハリソン派が実権を握ると自分たちが没落することを知っているので、現在議会にいる人びとの手に政府を維持し続けようと意図している。このクロムウェル派はたんなる独立派からなっている。一方、ハリソン派は……現在の政府は腐敗しており、また人間を長く政府の職につけておくことは腐敗を招くものだから、かれらに代わって他の人びとが治めるほうがよいと考えて、現在の議員を追放しようと考えている。……一般の世論ではハリソン派のほうが優勢とのことだ」。

❖一一月のある日

議会に協力する姿勢を失っていないクロムウェル派と現議会の即時解散を主張するハリソン派の対立によって、情勢が険悪化の一途をたどっていた一一月のある日、セントージェームズ－パークを散歩中のクロムウェルは、有力議員の一人ホワイトロックと時局を語りあった。ホワイトロックはクロムウェルの努力を充分承知しながらも、軍隊の行動は危険なものである、と率直に批判した。これに対してクロムウェルは、兵士たちの不満は「かれらがその貢献に対して報いられるところがなく、逆に命をかけて戦いもしない連中がもっとも多い利益を掌中にしている」ことから生まれているとして、兵士たちを弁護し、一転して議員たちに向かって猛烈な攻撃をあびせかけた。「軍隊は議員たちに予想以上の嫌悪をいだき始めている。……まさにかれらの高慢、野心、私利追求、すべての名誉と利益のあるポストを自分たちの友人・仲間で独占したこと、またかれらが日ごとに派閥に分裂すること、かれらの職務の遅滞、保身をはかって権力を握り続けようとする意図……さらに主だった連中のけしからぬ生活、これらのことは人びとをして議員たちに反対する発言をさせ、かれらを嫌わせる充分な理由となるのだ。

かれら議員は正義、法、理性の範囲には留まりえない」と。続けてクロムウェルははっきりと、よりよい秩序を保ちうる政府が樹立されないかぎり、破滅は防ぎえないのだ、と断言した。

❖「もしも一人の男が」

「現在の政府は腐敗している。だから打ち倒さねばならない」とは、議会解散の急先鋒であったハリソン派が強く主張しているところであった。クロムウェルが直接議員たちの行動に攻撃を向けたことは、かれの立場がかなりハリソン派に接近してきたようにみえる。だがホワイトロックは、議員として議会が主権を握ることにいささかの疑いも持たず、「議会の権力を抑制する方法を見いだすのはむずかしいではないか」と問うた。ところがクロムウェルは毅然として答えた。「もしも一人の男が、国王の位についたらどうなるか」と。これはまさに人びとが常勝将軍クロムウェルにいだいていた疑惑が偽りではなかったことを裏づける発言である。だが本当にクロムウェルは国王になろうとしていたのであろうか。ちょうど一年前の憲政問題懇談会の席上、かれは「なんらかのかたちで君主制的な権力をふくんでいる体制」がのぞましい、と発言したのが想い起こされる。「もしも一人の男が国王となれば」というこの言葉は、伝統的な立憲王制を支持して疑わなかったクロムウェルが、常日ごろ最後の切り札として用意していたものではなかったろうか。だがそれにしても、クロムウェルがスチュアート王朝の復活には反対であったことが問題をいっそう複雑にしている。チャールズの王政復古は革命の成果を無にするから断固反対しなければならない、しかしイギリスには国王という存在が絶対不可欠である。これがクロムウェルのひそかに信条としていたところであった。しかし「もしも一人の男が」の男に、クロムウェルは将来の自分を予感していなかったともいいきれないであろう。

❖「平等派の請願」復活

この会話がかわされた一六五二年の一一月は、あとからみるとクロムウェルにとっては一つの転換点であったようである。第一に、クロムウェルは明らかに前とは違った目で議会の議員たちを見るようになった。そして第二に、おりからイギリスの艦隊がオランダ海軍に敗戦を喫してしまい、このニュースは財政難と相まって、断固抗戦を主張していた議会の面々には大打撃となったからである。議会と軍隊の関係はいちだんと緊張の度を加え、両者の訣別はもはや不可避とみられるにいたった。

しかも、議会はいっこう軍隊の改革要求にこたえるだけの実績を生むことができなかった。むしろ五三年二月のポートランド沖での海軍の勝利を人気回復に利用して、総選挙を避けて補充選挙によって事態をごまかし、みずからの居坐り工作をおしすすめ、逆に軍隊に対しては、

「ランプ」議会への諷刺　「ランプ」には、牛のしり肉の意味がある。焼いても臭いと皮肉っているトランプの図。

海軍力の強化を口実にして、軍備縮小の要求を正式につきつけた。軍は態度をいっそう硬化させる。士官たちの呼びかけに応じて兵士たちの組織がためも着々とすすめられ、すでに消えてしまったはずの平等派も請願をだして、兵士たちと歩調をあわせる動きを示し始めた。四月にはいると、ハリソン派を中心とした積極論者たちは、議会に対して直接武力を行使してクーデタを実行しようとして、騎兵一連隊に急拠ロンドンに集結を命じた。

❖解散論の高まり

だが、かれらの総司令官クロムウェルは、まだ完全には議会と訣別する決意をかためてはいなかった。クーデタにはやりたつ兵士・士官を前にして、かれは「もしも議会を破壊してしまったら、いったい自分たちはなんと名のったらよいのか、それは国家ではありえない」と語った。クロムウェルの心には、過去の憲政的な伝統の唯一の生き残りというランプ議会を完全に破壊してしまうことには、強い躊躇の気持ちがあり、かれはクーデタを起こすおそれが大きい三つの連隊をスコットランドに派遣してしまって、この重大な危機を乗りきった。それはかれが、クーデタによって兵士や平等派の力が強くなり逆にグランディーズたる自分たちがたな上げされてしまって、革命がまた新しい方向に歩みだすことを恐れたためであった。だが同時に議会に親しいようにみえたかれの行動が、兵士たちに強い不信感を植えつけることになった。クロムウェルに対する兵士たちの不満は議会内の反クロムウェル分子に利用され、かれを免職し、引退したフェアファックスの再登場を求める動きが現われた。自分の議会軍総司令官という地位に執着するならば、クロムウェルは当然軍隊と袂《たもと》を分かつことはできないであろう。

クライマックスは四月一九日から二〇日にかけて訪れた。一九日には議会と軍隊両者の代表による協議会が開かれて、両方の意見の一致をみないかぎりは新しい選挙法の議会への提出は見あわせる、という約束ができた。この会議の途中、即時解散を主張して譲らない士官たちを、クロムウェルはなんども叱った、と伝えられている。かれはいまだに議会との協調の望みを絶ちきっていないのである。

❖新選挙法の強行採決

討論は翌二〇日も続行されるはずであり、すくなくともクロムウェルはそう期待していた。この日、議会にはいつになく一〇〇人もの議員が出席していて、それが突然、自分たちだけに有利な新選挙法の強行採決をはかったのである。このニュースがクロムウェルのところにもたらされたとき、かれは一隊の兵士をひきいてただちに議場にかけつけた。兵士を入口にひかえさせると、かれは議席について、前日の口約束が反古《ほご》にされた怒りをかみころしながら、討論にしばし耳を傾けた。やがてかれは隣に坐っていたハリソンに「今こそ時だ。なさねばならぬ」と耳うちした。立ちあがったかれは語り始めた。しばらくおせじに議会の功績をたたえていたが、しだいに議員たちを非難し叱責する口調に変わっていった。それは、たまりかねた議員がおもわず「議会にはもっとも似つかわしくない言葉で、しかもそれを議会の召使たるかれの口から聞こうとは」と慨嘆したほどの激しさであった。こんな非難もものともせず、クロムウェルは議場のまん中におどりでて、あたかも狂人のように歩きまわり、床を靴でけとばしながら、叫んだ。「君たちは議会ではない。議会ではないといっているんだ。君たちの会期を終わらせよう。兵士を入れたまえ」。

❖ランプ議会の武力解散

議場のドアが開かれ二、三〇人の武装兵がはいってきた。クロムウェルはこんどは議員の一人一人をにらみすえ、その私行をあばいて非難をあびせかけた。ついで兵士たちに命じて議長を議長席から引きずりおろさせ、議長の職杖（メイス）をとりあげてしまった。そこでかれは議員のほうをふりむいてこう言い放つ。「私をして止むをえずこんなことをさせたのは、君たちなのだ。私は日夜神に向かってこんなことをするぐらいなら私を殺したまえ、と祈っていた

ランプ議会解散

のだから」と。クロムウェルの熱気におされてすごすごと退場する議員たちの後姿に、かれは最後の捨てぜりふをたたきつけた。「神の名において、出てゆきたまえ」。そして自分は書記から新選挙法案をとりあげて上衣の下につっこみ、議場に鍵をかけることを命じてそこをあとにしたのであった。

議場におろされた鍵は、議会政治の終止符を意味した。クロムウェルがいかに神の名において自分の行動を正当化しようとも、それが議会に対する軍隊のクーデタであることに変わりはない。このクーデタは、軍隊のなかで対抗しあっていた二つの路線、すなわちクロムウェルとハリソンのそれが合体したことを示した。だが同時に、私たちはもっと重要なことを見のがしてはならない。誕生以来、共和国をいちばん悩ましてきたのは、「だれが、その母親なのか」という問題であった。いまや母親の座を守ってきたランプ議会は、その存在を否定されてしまった。残る母親候補は、いうまでもなく軍隊だけである。

議会を解散した午後、クロムウェルは国務会議におもむき、ここでも解散を宣言した。これに対し議長のブラッドショウは反論した。「閣下、あなたが議会は解散されたとお考えになるのはまちがっております。この空の下いかなる権力といえども、議会自身以外はそれを解散することはできません」。この言葉は憲政論としては正しい。だがそれにしても、なんとうつろな響きしかないのだろうか。共和国の政治家たちは共和国の基礎を固めえずして、権力を軍隊に譲り渡さなければならなかった。共和国のたそがれはこんなぐあいであった。

V

ロード・プロテクター
——独裁者クロムウェル

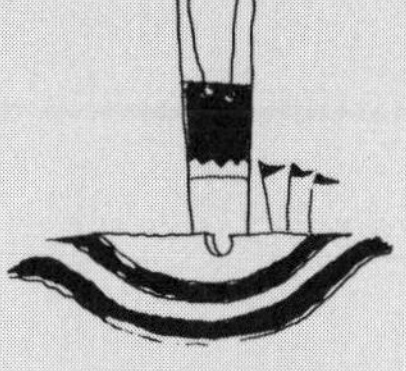

指名議会の実験

❖第五王国派の台頭

ランプ議会をクーデタによって解散したのちのクロムウェルの立つ基盤は、前よりもいっそう狭いものになり、不安定なものになってしまった。かれの議会軍最高司令官という地位は、権力上の競争相手であった議会がなくなった現在、ますますゆるぎのないものとなったかにみえたが、クーデタという非常手段を肯定できない人びとが「反クロムウェル」派となり、また軍隊自身の内部には依然として異質的な対立が根をはっていた。とりわけ新しい政治体制をめぐって右派の代表ともいうべきジョン＝ランバートは総選挙を主張し、一方ランプ議会解散の立役者トマス＝ハリソンはピューリタンのみによる一種の独裁を計画していた。

トマス＝ハリソンは、ジェントリ出身が多く保守的であった上級士官たちのなかでは、きわめて異質の存在である。かれは肉屋のせがれとして生まれ、内乱の初期から議会軍に加わって従軍していたが、しだいに「第五王国派」という宗教的なセクトの代表的な人物として頭角を現わしてきた。第五王国派というのは、旧約「ダニエル書」第七章の教えにもとづいて、バビロン、ペルシア、ギリシァ、の世界史上の三大王国の崩壊に続いて、第四の王国ローマも国王処刑とともに消滅してしまい、いまやイエスの統治したもう第五の王国が出現しようとしており、この第五王国の実現のためには、あらゆる努力を傾注せねばならないし、またそのためにはピューリタンの「聖者」による独裁が必要である、と考えたセクトであった。この思想は宗教的にいうと洗礼派の流れをくむ一種の神秘主義であり、その起源はかなり古いが、これがこの時期のイギリスの民衆に強い支持を受けたことには、それだけの充分な理由がある。ここでイギリスの革命が宗教的な衣をまとって戦われたこと、民衆たちの絶対王制打倒への熱情が、同時に「神の王国」の実現という願望と強く結びついていたことを想起せねばならない。私たちはこれまで議会軍にみなぎっていた独特の精神的雰囲気、たとえば聖書をはじめとするおびただしい宗教パンフレットの流《る》布《ふ》、祈禱集会、俗人説教、等等に注目してきた。革命に参加した人びとにとって、戦いは「聖戦」にほかならなかった。ところが、こうして現実の生活に苦しみ満たされな

トマス=ハリスン

かった民衆の希望は、おりから登場してきた平等派という政治組織に結集されて、こんどは宗教の衣を脱いでいった。しかし、共和国の成立を分水嶺として平等派は徹底的に弾圧され、事態は一変する。ここで民衆の運動は二つの方向に分裂してしまった。一つは現世の闘争をあきらめ、神秘的な宗教の世界に身を沈めてしまおう、とするものであり、第二は失敗した政治運動を宗教的に徹底させて「神の王国」をなにがなんでも実現してやろう、という立場なのである。後者こそ第五王国派の立場であった。「神の王国」を迎えるためには、政治にあたるものが聖者でなければならない。なにゆえ、あのハリソン派と呼ばれる議会解散論者が、議員たちの腐敗堕落をことさら問題にしたか、わかってくるだろう。ハリソン派はランプ議会の解散という目的は達成した。だからかれらにとって、いまこそ「聖者」の独裁を実現すべきチャンスであった。

❖指名議会の召集

新しく召集されることになった議会は、議員数が一四〇人であったために「小議会」、また手続きの点から「指名議会」、さらに「聖者議会」、「ベアボーン議会」といった多くの異名がつけられた。従来この議会の召集については、クロムウェルと士官会議が地方の独立派などの教会に選出を依頼して、教会から「神を恐れ、誠実と正直な点を認められた」聖者だけが選ば

聖者の集まり　みずからを信仰厚き聖者と唱えるクロムウェル。国王派の使ったトランプの図。

れたと考えられていた。召集のこまかい点については、未だ不明なことが多いが、近年の研究は、この議会で第五王国派などの急進分子は予想外に少なくて半数以下をしめるにすぎず、また当時の国王派の文書にみられる議員の社会層の低さについての非難も誇張であって、半数以上が議員の経験者でかなりの財産の持ち主であったことから、召集令状にある「私と士官会議の助言による」指名、というクロムウェルの主張が正しく、教会の推薦という線は重視できない、としている。ハリソン派の聖者の独裁への期待はかならずしも満たされなかった。

❖「ピューリタニズムの絶頂」

七月四日、この議会の開会にあたってクロムウェルは、人いきれでむんむんする議場において、長い演説を行ない、この議会の持つ使命を強調した。「じっさい諸君は、神によって、神とともに、また神のために統治するために、召されたのである」。かれは革命の歴史を回顧しながら当然ランプ議会の解散にふれて、軍隊の行動を弁護し、おびただしい旧約聖書からの引用によって辞句を飾り論拠を固めて、寛容政策の必要を力説し、神の恩寵と摂理のもとに神の大業に参加することが、この議会に課せられた最大の任務である、と述べ、しかもすべての権力をこの議会に委譲することを明らかにした。この演説には、クロムウェルの性格の一面でもあった千年王国的な世界観と、神こそは難題のすべてを解決したもうであろうという楽天的な信念が脈打っていた。クロムウェル自身この演説を「チャージ」と呼んだが、「チャージ」とは、ピューリタンの牧師就任の際の説諭にほかならない。そこに当時ニューイングランドで実行に移されたような世俗政治と教会政治の幸福な合体を夢みるかれの期待さえうかがえるであろう。この意味でこの議会は「ピューリタニズムの絶頂」を示すものであり、「聖者の言葉にもとづいて社会を基礎づけようとした史上最大の試み」でもあった。

❖改革プログラムの推進

しかしながら議員たちの一部が夢みた千年王国は到来しなかった。構成から予想されたように議事の進行とともに、急進派と保守派の分裂・対立が激化した。この議会のリーダーシップは、宗教的急進派よりはロンドン出身の有能な実務家の手に握られていたとする説があるが、この議会が着手した改革の範囲と速度には眼をみはらされるものがあった。改革は、㈠大法官裁判所の廃止を中心とする法律、司法の改革、㈡臨時課税をめぐる財政の改革、㈢十分の一税廃止を中心とする教会制度の改革、の三点に焦点があった。このほかにも議会は、貧民救済、囚人の待遇改善、土地囲い込みの調査などに積極的に乗りだそうとした。いまや一大社会改革、かつて同じようなプログラムを掲げながら悲運にも消されてしまった平等派の主張していた社会改革が、まさに日の目をみようとした。クロムウェル自身、教会制度の改革に意欲を燃やし、また法律全般にわたる簡素化の必要も痛切に感じていた。しかし、議会がだした改革案は、かれの意図するところをはるかにこえたものであった。十分の一税を廃止してしまったら、教会と国家の関係は根本的な変更を余儀なくされるであろうし、大法官裁判所をはじめとして国家の基本的な司法制度に手をつけることは、かれがもっとも恐れたイギリスの伝統的な体制からの訣別を意味することになるであろう。いずれも、かれが理想としていた、ある枠内での改革の限度をこえている。そのうえ財産に対する保守派の危機意識が重なって、議会に対する警戒の気持ちがしだいに大きくなっていった。

おりもおり、クロムウェルに決断をせまる事件が、議会の改革の二番目のもの、すなわち財政問題において生じた。すなわち一一月の末、軍隊の費用にあてるための月割税の期間延長をめぐる討論のなかで、共和国の財政の窮状を救うために士官は一年間無給で奉仕してはどうか、という提案が現われた。給料の遅配で困っているのは一般の兵士だけで、士官はアイルランドをはじめとする没収地を安い値段で買いしめて、大地主・大金持になっているのだから、我慢してもいいではないか、というのがそのいい分であった。これは軍首脳部に対する敵意の表現にほかならない。

❖ 実験の失敗

ふたたび危険信号がともされた。上級士官は自分たちの利害を守りぬかなければならない。かれらの間には議会の横暴を非難する声が強くなった。議会に対抗するためには行政府を強化する必要があり、軍事費や内政費の支出には議会がくちばしを入れないようにしなければならない。右派の代表ラムバートを中心にして、この趣旨をもりこんだ成文憲法を起草する用意がすすめられた。グランディーズの代表クロムウェルは、あくまでもグランディーズの利害に忠実でなければならなかった。かれはわずか五か月ののちに、はやくもハリソン派との絶縁を決意するにいたった。ラムバートは保守派の議員たちに働きかけて、十分の一税についてより穏健な提案をさせ、それが否決されると、議員たちは、すべての権力を軍最高司令官クロムウェルに譲り渡して、自発的に解散してしまった。五三年一二月一二日のことである。

それは名目上は自発解散であるにしても、実質はクーデタにほかならなかった。もちろんクロムウェルはこの計画に加担したことを否定している。しかしかれはまたしても最後には軍の懐に飛びこまねばならなかった。しかしその軍も、この議会の失敗によって、一六四九年に続いて急進派を失っている。新しい局面を支配するものは、クーデタを計画したラムバートを代表とする保守的な上級将校であろう。

「われわれはこの議会のできごとと結果とを、悲しくふりかえることであろう。そのなかには教訓がたくさんある。それが将来われわれを賢くするのに役だつことを願っている」と、クロムウェルはいった。またかれはこの議会は「私の弱さと愚かさの物語である」ともいっている。弱さと愚かさとは決してたんにかれの性格上のものではなかった。かれのよって立つ政治的基盤が狭かったことに由来する「弱さ」であり、もっとも世俗的であるはずの政治において簡単にピューリタン的な理想主義に身をゆだねてしまった「愚かさ」であった。だが、果たしてかれは、この「弱さ」と「愚かさ」とを、ほんとうにはっきり意識したのであろうか。

剣の支配

❖「統治章典」

一六五三年一二月一六日に成立した「統治章典」は、全四二条からなるイギリス史上唯一の成文憲法であった。その第一条は「イングランド、スコットランド、アイルランドの共和国とそれに属する領土の、最高の立法権は、唯一人と議会にある。この唯一人の称号は……ロード－プロテクター（護国卿）と称する」と規定している。すなわち議会とならんで一人の個人が最高の権力を持つようになっている。この個人は国王とは呼ばれないけれども、かつて国王が行使していた軍事・外交・官吏任免などのさまざまな権限が与えられており、議会とともに立法権をあずかり、また国務会議とともに行政権を掌握している。たしかに議会の存在は否定されず、その立法権・財政権もいちおう認められてはいる。が、それにはつねに制限がもうけられていた。たとえば陸海軍費と内政費は議会の同意の外におかれており、また議会が開会するまではプロテクターが勝手に法律をつくってよいことになっている。おまけに、議員の選挙区に改変が加えられ、そのうえに選挙権は「議会に反抗しなかった人で、動産または不動産で二〇〇ポンド以上の財産を持っている人」に限定された。議会の権限が縮められていることとあいまって、人民の政治参加ははるかに制限されているとみてよいであろう。また人権保障に関する規定がいっさいみられないのも、革命が停止したことをはっきり物語るものであった。こうみてくると「唯一人と議会」というこの憲法の基本的な骨組みのバランスは、圧倒的に前者にかかっており、それゆえ独裁の可能性をはらんだものであることは否定できない。この可能性はどのようにして現実のものとなるのだろうか。

❖プロテクター就任

「統治章典」が成立した一二月一六日に、クロムウェルのプロテクター就任式が行なわれた。この日かれは、いつもの軍服を脱ぎすて黒い上衣とガウンをつけて式場に現われた。軍隊による政治という印象を避けようとする気持ちが働いていたのかもしれない。だが、この政権を生みだしたものが、軍隊であり、しかも列席している上級士官たちであったことは、隠れもない事実であった。就任の宣誓にあたってクロムウェルは、「神の祝福が永続するような基礎に立って統治し、財産を護り、長い間争われた宗教と自由という大目的に答える」ことを誓い、さらに就任演説では「人民にその正当な権利と財産を享受させる」ことが自分の統治の目的であると繰り返し、そのうえ自分がロード-プロテクターという職についたのは、共和国関係者と軍隊士官の勧告と要望を入れたためであると述べた。年があけた一六五四年二月、ロンドンの有力な商人たちは、クロムウェルの就任祝賀会を開き、かれに高価な贈物をしている。共和国関係者とはかれらにほかならなかった。クロムウェルは、財産と既存の社会秩序の保護者たることを期待されたのである。

ヘンリー=ヴェーン

　こうして成立したプロテクター政権は、多くの敵に取り囲まれていた。平等派はすでに力を失い反対に立ちあがることはできなかったが、軍隊から追い出されたハリソン派は政権の反対勢力になり、しかもかれらの背後には第五王国派が控えていた。クロムウェルの治安対策は宗教政策とかかわりを持たざるをえなくなる。ほかに国王派や長老派によってクロムウェルの暗殺を狙う秘密結社が組織されたし、また共和政の維持を願った「共和派」も、政治家のヴェーンや軍隊士官ラドローなどで構成され、クロムウェルとその政権に対する批判を開始した。

❖治安維持を目指して

プロテクターにとって好都合なことに、第一回の議会の召集は憲法で五四年の九月に予定されていたので、じつに就任以来、一〇か月ちかくにわたって、かれはなんら拘束を受けることなく新しい政権を運用することができた。この期間に新政権の基礎固めのためにじつに八二にも及ぶ法令が発布されたが、まず五四年一月一九日に大逆罪法が制定され、プロテクター制を非難して政体を改めようとするものを大逆罪として処罰することを定め、反対勢力の台頭に対抗した。つぎにピューリタンが熱望した道徳に関する立法については、これまでも聖日厳守、不敬な言動や姦通の厳罰などのきびしい法律が施行されていたが、クロムウェルがこの面に熱意をもってあたったのは、かれの信仰、性格からみて当然といえるであろう。「われわれの自由も繁栄も品行を改めることによるところが多いと私は確信している。罪にけがれ不敬な行いをする人を見るのを、恥と知れ。……心こそ人間のものである。……もしも心が清められていないなら、人間とけだものとどう違うのだろうか」。こうした確信に立って、きびしい道徳立法に拍車がかけられることになり、闘鶏、決闘が禁止され、飲酒や不敬な言動も取り締まりの対象とされ、ついで競馬も禁止されてしまった。だがこのような立法措置はかならずしもピューリタンのきびしい道徳生活の要求だけから行なわれたものではなかった。それは、これらの法令に、「公安を破壊し」、「すべての良き秩序と統治に反する」といった言葉が見られるところからも明らかである。競馬などの禁止された理由は、大衆の集会を利用して反乱をひき起こそうとする計画を未然に防ぐことにあった。やはりここでも治安確保、すなわち政権の維持という要求が前面に強くうちだされているのである。

❖現実的な至上命令

さらに教会に対する処置として、まず政府は俗人のみからなる聖職者審査委員会をもうけて、あらたに聖職につくものの資格審査に乗りだし、ついで聖俗両方のメムバーからなる聖職者追放委員会の制度を定めて好ましくない聖職者から資格を奪うことにした。この場合個々の聖職者を審査する規準には、「けしからぬ、無知で、不満足なもの」といったきわめて抽象的で曖昧な言葉が用いられている。しかし、規準はどうであれ、このような手段で統制を加えることは、クロムウェルがかねてから主張していた宗教の自由に反することになりはしまいかという疑問が生ずるであろう。ところが、信仰の自由を規定した憲法の条項にはつぎのような重大なただしがきがつけられていた。「この自由は、カトリック教徒、および国教会信徒、またキリストの信仰をよそおって放縦を説き、かつこれを行なうものには及ぼさないものとする」と。カトリック教徒、国教会支持者は、明らかに反革命の担い手であるから、信仰の自由の恩恵には浴されないとされ、また同時に第五王国派などの危険分子も「放縦を説くもの」として除外されてしまっている。こうみてくるならば、道徳規制の問題も、あるいは宗教政策も、クロムウェルおよびその政権支持者の宗教的理念に根ざすものというよりは、むしろ政権の確保・強化という現実的な至上命令に拘束されていた、と考えるべきであろう。

こうしてクロムウェルは政権を手に入れた最初の数か月間に、憲法の規定をたくみに利用してその政権を強化することに全力を注いだ。

❖議会開会演説

第一回の議会が開かれたのは、一六五四年の九月三日、あのダンバーとウースターの二つの戦勝記念日のことであった。開会の翌日、クロムウェルは開会演説を行なった。それは前の議会のものとは違って、いたずらに聖書からの引用で辞句を飾ろうとはせず、内外の情勢を分析して、率直な見解を提出し、議会の協力を訴えている。「貴族、ジェントルマン、ヨーマン、こういう身分の区別は、国民の大切な関心事であり重要なものだ。生まれつき統治にあたるべき人びとが、平等主義を主張するものによって軽蔑され、足もとに踏みにじられてはいないだろうか。人びとの秩序や身分が平等主義によってすべて平等化されてはいまいか。……宗教界の現状はもっとも悲しむべき歎かわしいしだいだ。……多くの正直な人びとが、心は真剣なのだが、第五王国派の誤った見解の影響のもとにある」。これが、かつてうわべだけの貴族やジェントルマンに激しい軽蔑をあびせかけ、身分にとらわれないで「信心ぶかい正直な人」を高く評価した、クロムウェルの発言なのである。ここでは明らかにかれは、身分秩序を擁護する側に立ち、平等派や第五王国派に激しい敵意をもやしている。国王処刑から共和政の樹立、そしてランプ議会の解散、さらに「聖者」議会の失敗という屈折を伴った過去のできごとが、クロムウェルの情勢分析にそのまま反映されていた。

❖議会の反発

ところが議会は、まず承認を求められた「統治章典」を、独自な立場で再検討し始めた。元来ラムバートなどの軍隊士官には憲法をつくる権限はない、また憲法の改定を認めない条項は議会の特権を踏みにじるおそれがある、というのがその主張であった。こうして議会は、議会優位の原則をふりかざして、プロテクターの独裁に対抗しようとした。議会の攻勢に直面した政府は、クロムウェルみずから議場におもむき、「統治章典」の基本条項四つが認められさえすれば、あとは修正してもさしつかえない、という妥協案を提出した。クロムウェルのあげた基本条項とは、㈠ 唯一人と議会という現政府の骨組みの維持、㈡ 議会の恒久化をさける権限をプロテクターが持つこと、㈢ 信仰の自由、㈣ 軍事権はプロテクターと議会が共同で持つこと、の四点であった。そして改めてプロテクター政権のかかる基本原則を改めない誓いを議会がすることをかれは要請した。

ところが約一四〇人の議員はただちにこれに応じたが、九〇人ほどはそれを拒んで議会に出席しなかった。はやくも議会は分裂の危機にさらされたが、多数派の議員たちは、プロテクターとの完全衝突を避けて、議会優位の原則を貫こうとして、委員会による審議を始めた。かれらは基本条項の前の二つはだいたい承認した。問題は後の二つにあったのである。すなわち議会は、憲法の保障する信仰の自由を、自分たちが「のろわしい異端」と考える教派には及ぼさないようにしようとした。「のろわしい異端」といった至極《しごく》曖昧な規定によって、おそらくはクロムウェルをはじめ政府当局者がさきに治安対策の対象として考えた以上の教派が、危険にさらされることになるであろう。あるいはこれは軍隊を危険視するさいの口実に利用されはしまいか、とクロムウェルたちは恐れた。

❖議会か軍隊か

じっさいかれらの推測は正しかった。議会が最後に持ちだしたのは、財政難を理由にする軍隊の削減計画であって、定員を五万七、〇〇〇から三万に減らし、しかも給与を引き下げようという提案であった。もちろん軍は直ちに対抗策を講じ、士官会議が中心になってクロムウェルに圧力をかけた。またしてもクロムウェルは、議会と軍隊のいずれかを選ばねばならなかった。当然議会はクロムウェルと軍隊の間をひきさこうとするし、また軍隊のなかにはクロムウェルの妥協的な態度にあきたらず不穏な空気がたちこめてきた。ここでもクロムウェルは時をかせいだ。そして一六五五年一月二二日、旧暦を使うという苦しい手段を用いて、憲法に規定された会期が終了したことを理由に、議会を解散してしまった。

プロテクターと議会、その第一幕はこうして終わった。議会は軍隊の作った憲法を自分の手で修正して、プロテクターに真の憲法的基礎を与えようとした。そうなれば、少なくとも政権の成立手続きについての非難はかげをひそめたかもしれない。だが、それも失敗に終わった。その失敗によってプロテクターはますます軍隊との結びつきを強化せざるをえなくなる。

❖反対派の動き

議会が政府に対立したことは、当然、反対派の活動を元気づけた。一六五四年から五五年にかけて反対運動はしだいに活発になっていった。前にも見たように、不満分子は右から左までじつにさまざまの立場の人から成り立っていたので、批判や攻撃の方法は当然違うはずであるが、このころから反対運動には共通の特徴が生まれてきた。それは、クロムウェル個人を攻撃の目標とし、反クロムウェルというかたちで戦線の統一をはかる動きが現われたことである。

たとえばかつての平等派の指導者の一人ジョン＝ワイルドマンは、クロムウェルに対する告発状のかたちでつぎのように訴えた。クロムウェルは偽善的な祈禱によって人民をあざむき、ふたたび奴隷制のくびきのもとに連れもどした傲慢な野心家である、しかもかれはいまや議会をも支配してしまった、したがってわれわれに残されたみちはもういちど革命をおこす以外にない、と。ワイルドマンは平等派の一揆を計画したが、クロムウェルのスパイ網にひっかかり逮捕されて、この計画は失敗に終わった。

平等派よりもさきに動きだしたのは、第五王国派などのセクトの急進分子であった。かれらはクロムウェルに裏切られたと感じていただけに、その攻撃も鋭かった。かれらは説教やパンフレットによって反クロムウェルの気炎をあげ、五四年の秋には西部地方で二万人を動員して立ちあがろうとしたが、計画の進行中に指導者がつぎつぎと捕らえられたり、亡命したりしたために、実際にはなんらの力も持ちえなかった。こうした左の陣営よりももっと政府に脅威を与えたのは、国王派の動きであった。かねてからチャールズ二世とともひそかに連絡をとっていた国王派は、秘密結社を通じて蜂起の準備を進めていたが、三月八日をきして各地でいっせいに立ちあがろうとした。しかし、この動きも事前にクロムウェルのスパイ網におさえられており、わずかに四〇〇人ほどが西部地方で立ちあがったにすぎず、それも数日後には鎮圧された。

❖軍政官の支配

こうして反革命の動きは、ことごとく失敗に終わったけれども、国内の情勢は楽観をゆるさず、各地から国王派の秘密活動の情勢が、クロムウェルのもとに集まってきた。そこで考えられた方法が、全国を一一（のちに一二）の地区に分け、おのおのに少将の位の軍政官をおいて軍事のみならず行政にも参与させるシステムである。軍隊の基礎のうえに立つプロテクター政権は、みずからを守るために、直接軍隊の武力を使わざるをえないはめに陥ってしまった。しかし軍政官のもとに、これまでの軍隊がそのまま配属されたわけではなかった。あらたに国王派の人びとに対して十分の一税が課せられて、この軍政の財源にあてられることになり、政府はこの収入によって約六、〇〇〇の民兵を募集して、五〇〇人ずつを軍政官のもとに配置した。この方法によってクロムウェルは、かれをいつも悩ます常備軍縮小の要求に応ずるとともに、兵士たちに就職先を保障し、そのうえ国内の治安を固めて政権を定安させよう、と考えたのであった。

一六五五年の八月に新しい軍政官が任命され、「剣の支配」のスタートがきられた。一二人の軍政官の顔ぶれをみると、クロムウェル政権の特徴がおのずから浮かびあがってくる。第一にそこには、婿、義兄弟、従兄といったクロムウェルの親類縁者がいる。また、何人かは「鉄騎兵隊」の一員として、革命の初期からいっしょに戦ってきた連中であり、出身社会層の点ではすべてジェントリより下の人びとである。かれらは、まさしくクロムウェルと生死をともにすることを誓いあった「クロムウェルの将軍たち」であった。

❖「聖者の進軍」のジレンマ

軍政官に課せられたもっとも大きな職務は、いうまでもなく反乱・暴動の予防と鎮圧であった。ところがクロムウェルは、それにピューリタン的な道徳規制をつけ加えた。飲酒や不敬な言動に対する取り締まり、すなわち委任状の文面によれば「信心と徳とを奨励、鼓舞し、すべての瀆神《とくしん》と非信心を妨げ、くじく」ような規制である。もとより競馬・闘鶏などの大衆娯楽を禁止し、居酒屋に監視の眼を光らしたのは、そうした場所が反政府分子の陰謀に利用されるおそれがあったためであろう。しかもこのようなピューリタン的な道徳規制は、すでに長期議会などが立法化したこともあり、それじたいとしては決して新しい試みではなかった。しかし今度は治安維持が至上命令として課せられていたため、軍政官はその実施にことのほか熱意をみせた。そしてこのことが逆に取り締まりを受ける一般の国民には、個人の自由を侵す干渉であり、またピューリタン的な禁欲的な態度を一方的に強制するものと受けとられ、反発を招くことになったのである。

軍政官の出身のいやしさ　軍政官ウーズリーがもとは織工であることを皮肉った、国王派の使ったトランプの図。

反発を招く理由は、制度そのものにも存在した。というのはこの制度は、地方行政の分野でこれまでの伝統的な制度に完全にとって代わるものではなく、あくまでも州や都市の地方行政当局者との協同を前提にしていたからである。さきにふれたニュー・モデル化にみられたように、革命の過程において若干のメムバーの変動があったとはいえ、地方行政の任にあたっていた「生まれながらの支配者」の間には、自分たちの地域における影響力や威信を傷つける中央からの権力に対する警戒心が強かった。しかもこのたびはその中央権力には軍事力という裏づけがあったため、反発が強くなるのも当然であった。そのうえ軍政官の素姓が「生まれながらの支配者」よりも概して低かったことも、制度のスムースな運営を妨げた。軍政官の多くは、地方行政担当者の非協力を嘆き、訴えている。しかし武力によって獲得された政権は武力によって守られねばならない。革命の戦列からつぎつぎに戦友を切り捨てていった「聖者の進軍」が生みだしたジレンマが、この軍政官制度に集中的に表現されていた。

❖クロムウェルの外交政策

ここでクロムウェルの外交政策に注目を向けることにしよう。のちのイギリスの歴史を考える場合に、それは看過しえぬ重要性を持っているからである。「一六五〇年代の政府は、イギリス史上で世界的な戦略を持った最初のものである」とは、一史家の評価であるが、その戦略の具体的な内容はどんなものであったであろうか。

クロムウェルの外交行為の最初のものは、オランダとの抗争に終止符をうつことであった。それはかれがプロテスタントの同盟という夢を持ち続けたためばかりでなく、両国の抗争がいずれにしても両国の貿易に損害を与え、またオランダの現政権が崩壊することがあればむしろ先王の子のチャールズの復位を目指す対抗勢力（オラニェ家）が台頭するおそれがあるという現実的な配慮のなせるわざでもあった。またクロムウェルの外交上の関心はバルト海にも向けられた。この地方はイギリスの造船に不可欠の木材などの供給地であったからである。そこで一六五四年にはスウェーデンとデンマークに対して条約を結び、北方水域における勢力均衡にかれは意を用いた。しかしながらクロムウェルの外交政策の最大の力点は、対スペイン政策におかれた。

クロムウェルのサイン

　当時ヨーロッパ大陸の二大強国たるスペインとフランスは、前世紀以来の宿命的な対立を続けていた。共和政が始まった時期においては国際的な孤児の観を呈していたイギリスも、プロテクター政権になると無視しえぬ勢力としての評価を受けるようになり、両国ともその対抗関係からしてイギリスを味方につけようとした。当初介入するのを避けていたクロムウェルは、一六五四年一二月、スペイン領である西インド諸島のイスパニョーラ島に遠征軍を送った。しかしそれは指揮官の対立などの原因によってみじめな失敗に終わり、翌年五月ジャマイカを占領したに留まった。当然スペインは宣戦し、五六年には亡命中のチャールズとも同盟を結んだ。この対スペイン戦争はイギリスのフランスへの接近を余儀なくした。貿易上の同盟（一六五五年一〇月）に続いてイギリス軍はスペイン軍と戦うために大陸に渡って戦ったが、若干の成功はあったものの、対スペイン貿易の損失と戦費の増大はかえってクロムウェルの外交政策への不満を高めた。

❖大英植民帝国への第一歩

対スペイン戦争の根底には、カトリックを信仰の敵とみなすピューリタン的な感情が強く働いていたことは事実であるが、それだけに留らない現実的な配慮があったことを見のがすことはできない。その一つはイギリスの貿易増大と市場拡大という経済的な要求に根ざすものであり、他は亡命中のチャールズへの外国の援助を妨害しようとする政治的な配慮であった。西インド侵略は、たとえばミルトンの甥によって、「インディアンの涙」すなわち無垢の原住民に対して加えられた虐殺に対する神の民の報復として正当化されたけれども、この後一五〇年間、ジャマイカはイギリス植民政策の最重点事項となり、奴隷貿易によってブリストルとリヴァプールには繁栄が訪れることになる。まさにそれは大英植民地帝国建設の第一歩であり、その意味でクロムウェルの外交政策は、西ヨーロッパの片隅に位置した農業中心の一島国を世界貿易の覇者に押しあげる転換に貢献したのであった。

❖王位提供

一六五六年九月、クロムウェルをしてその第二回目の議会の召集に踏みきらせたのは、国家財政の窮迫であった。軍政官がその職権を利用して必死の選挙干渉を企てたにもかかわらず、反政府派とみられる議員が多数選出された。選挙運動中にも聞かれた「軍政官反対」の叫びは、いっそう高くなった。狼狽《ろうばい》した政府派は「統治章典」の規定を悪用して、反政府派議員の追放をはかった。資格審査の結果、総数四六〇人の議員のうち約一〇〇人が追放され、五〇人あまりの議員は自発的に辞任してしまった。この暴力的な処置は、政権の背後に控えた軍隊の存在に対する眼を改めて開かせた。新議会の議事はこれ以後、軍隊士官派と文民のプロテクター支持派の対抗というかたちをとって展開する。そして前者が軍政官制度維持のための国王派に対する十分の一税の継続を求める法案を提出したとき、対立は極点に達した。軍隊に対する地方のジェントルマンの反感はその投票に反映し、この法案は五七年一月、一二四票対八八票で否決されてしまった。こうして財政的基盤を失った軍政官制度は、一年半の生命を終えた。

翌月、議会の文民派は、クロムウェルへの王位提供の提案を含んだ新憲法を提出した。伝統的な王制に復帰するほうが、イギリス人にとって周知の法による拘束を受けるゆえ憲法の欠陥を是正できるというのが提案者たちの主張であったが、問題は単に国王という称号に留らず上院の復活などの制度的な改革もあわせて提案されたことにあった。軍隊士官派は、新憲法の窮極のねらいがプロテクター政権のいっそうの右寄りをはかるものと考え、クロムウェルに拒否を迫った。これに対しクロムウェルは、国王という称号は「帽子の飾り羽毛」のようなものであり、問題の核心は政局の安定にあるから、「国民が受けいれない専制的なやり方は終わらすべきである」として、軍隊の態度を強く非難したので、士官の反抗も静まらざるをえなかった。

議会はなおもあきらめず、この憲法草案を「謙虚な請願と勧告」と改称して、クロムウェルに王位を含めて一括受諾を迫った。クロムウェルは、この草案の制度上の改変には心惹《ひ》かれていたが、やはり国王という称号に対する反対には耳を傾けざるをえなかった。四月三日、ついにかれは一括拒否の解答を与えた。革命をともに戦ってきた軍隊の動向が、結局においてかれにこの決断をとらせたのであった。

問題が国王という称号にあったのをみた議会は、今度はこの問題をはずした制度的改変のみの憲法案をねりなおし、クロムウェルに提出したので、クロムウェルもそれには反対できず、五月二五日、正式に受諾し、翌月にはこの新憲法にもとづいて、改めてプロテクター就任式を行なった。

❖第二議会の解散

翌年一月まで議会は休会にはいったが、この期間を利用して、制度上の改変が進められた。もっとも大きな変化は、共和政によって廃止された上院が復活し、その議員の指名権がクロムウェルに与えられたことであった。選抜にかなりの時間を費やしたかれは、年末になってやっと総数六三人の上院議員のリストを作成した。貴族、上級士官、下院のクロムウェル派の人たちがその顔ぶれとして挙げられていたが、拒否したものもいて、最終的には新上院は四二人で構成されることになった。

五八年一月に再会された議会の政府に対する姿勢は、はっきり違っていた。クロムウェル支持者の多くが上院に移り、しかも議員の資格審査も議会の同意がなければ行なえないよう新憲法が規定していたので、力をえた反政府派の議員は、ことに新設の上院の権限問題を中心に、政府批判のきびしい態度をとった。そのうえ、議会外の情勢もかれらに味方した。前年春にはトマス＝ヴェンナーら第五王国派の残党の反乱計画が露見していたが、夏には直接クロムウェル殺害を主張する『殺害は殺人ではない』というパンフレットがひそかに配布されており、また国王派の密使もロンドンに潜入して工作を進めていた。そこで議会の反対派は、クロムウェルがランプ議会を武力解散する以前の共和政を復活させることを目的にして、共和派、セクトの残党、兵士などを糾合して一大請願運動を計画した。放置するならば、無政府状態も避けられない情勢であった。

二月四日朝、クロムウェルは一人で議場におもむき、解散を宣言した。「ここからそう遠くないところで、この町の民衆を扇動し、暴動いな反乱をひき起こそうとしているものがいる。……流血と混乱が切迫している。この情勢は、諸君が『請願と勧告』にもとづいて国家の安定を私に求めておきながら、諸君自身がそれに同意しないことに、いっさいの原因があるのだ。諸君がこんな調子で討議を続け、その態度でいるなら、私は諸君の議事を打ち切るべき時がきたと思う。私はこの議会を解散する。神よ、諸君と私とどちらが正しいか裁きたまえ」。

❖クロムウェルの最期

議会との協同を基礎にして政権を安定させようとするクロムウェルの希望と努力も、すべて裏切られてしまった。これまでにみられた議会操縦のまずさを論拠にして、議会政治家としてのクロムウェルを失格と見なす論者もいる。たしかにそれがもう少し巧みであったなら、ピューリタン革命の足どりは、やや違った経過を示していたかもしれない。議会を解散した以上、かれが頼るべきものは、またしても軍隊以外になかった。解散の当日、クロムウェルは二

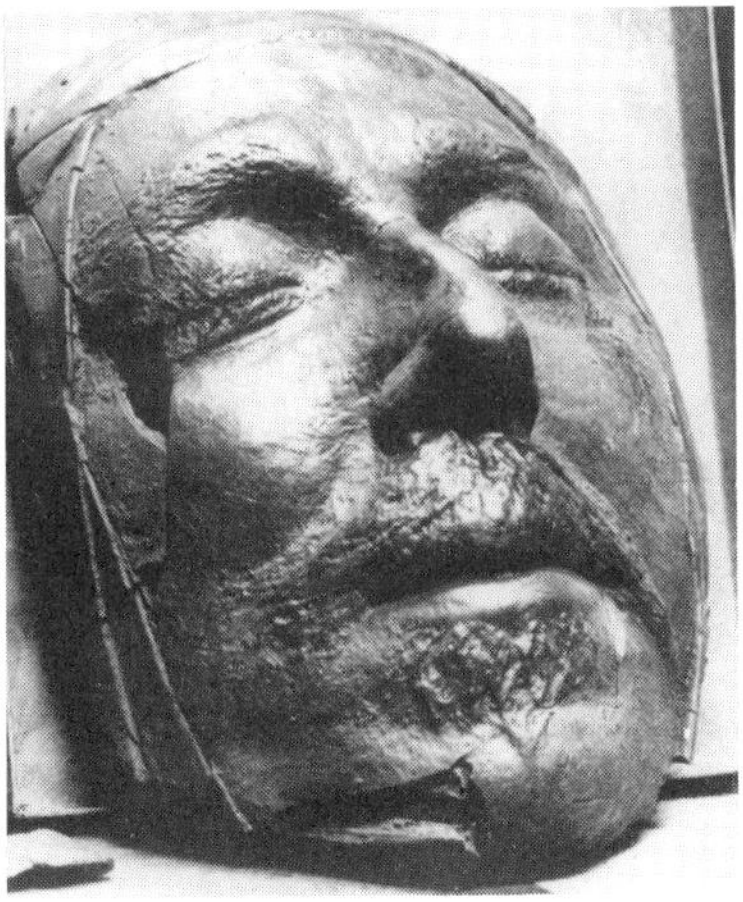

クロムウェルのデスマスク

○○人ほどの軍隊士官を召集して、二時間にわたる熱弁をふるい、軍隊のいっそうの忠誠を期待した。しかし革命の経過は、軍隊そのものをも変えてしまっている。非職業的な軍人の登場、「聖者の軍隊」という独特の雰囲気と組織、平等派によって鼓舞された民主主義の要求といった、軍隊のこの革命における輝かしい遺産は、この段階になると、もうかき消されてしまっている。給料などの直接の利害を除いては、革命の大義といえども兵士たちを動かしはしない。クロムウェルが要請した軍の忠誠とは、とりもなおさず、未だクロムウェル個人にすがりついている士官や、政治には関心を示さない職業的士官の忠誠にほかならなかった。

政権の基礎を拡張するみちは、閉ざされてしまい、財政の圧迫と反革命運動の脅威が、クロムウェルをとらえて離さなかった。頑強な肉体を誇ったかれも、健康の衰えを自覚するようになった。議会を解散した半年後の八月六日、かれが最も愛した娘エリザベスが癌《がん》で死んだ。看病と心痛で疲労の絶頂にあったかれを、インフルエンザが襲った。かれの最後の祈りが伝えられている。

「主よ、あなたはとるにたりぬこの私を、……主のみわざを果たす道具たらしめたまいました。……主よわが身はどうなろうとも、願わくは人びとを見捨てず、彼らに恵みを与えたまえ。彼らをして変わらざる考えをもち、心を同じくしてお互いに愛させたまえ。また彼らを救い、改革を推し進め、キリストの御名をこの世に輝かさせたまえ。主の道具にあまりに頼るものに、主自身に頼ることを教えたまえ。……イエス＝キリストの御名によりてこの短き祈りの愚かさを赦したまい、願わくは安らかな一夜を与えたまえ、アーメン」。

　九月三日、奇しくもその生涯を飾るダンバーとウースターの二大勝利のその日に、革命の前途を見とどけることなく、クロムウェルは五九歳の生涯を閉じた。

エピローグ

❖王政復古

クロムウェルの死後の歴史を詳しく追う余裕は残されていない。彼は死の前日に後継者として三男のリチャードを指名したが、この子は父親には似ない典型的な田舎紳士で、紛糾した軍と議会の対立を解きほぐす能力もなく、翌年の五月には辞表を出して引退してしまい、プロテクター制はあえなく崩壊してしまった。そこで生まれた無政府状態に終止符をうつためには、軍を中心に革命勢力の再結集をはかるか、それとも革命の後退期にふたたび頭をもたげてきた「生まれながらの支配者」に事態の進展を委ねるか、のいずれかしかなかった。しかし軍隊はもはやかつてのような聖戦を信じて不屈のエネルギーを発揮する存在ではなく、クロムウェルとともに戦った将軍たちも醜い跡目争いに終始するありさまであった。そこに議会と手を握ることで事態の収拾をはかろうとする軍人、スコットランド方面軍司令官ジョージ＝マンクが現

ジョージ=マンク

われる。その南下とともに精鋭を誇ったクロムウェルの軍隊も分裂し、解体してしまい、一六六〇年二月、マンクはロンドンにはいった。

　四月に選挙によって仮議会が成立する。この議会に対して、国王の遺児チャールズ二世が亡命先から「ブレダ宣言」を発して、革命中の言動に対する大赦、信仰の自由、革命中に購入された土地財産権の確認、軍隊の未払い給与の支払い、を約束した。仮議会はこの宣言を受諾することを決め、王政復古が実現することになった。五月二五日、国王チャールズ二世は、「街頭に花が満ちあふれ、鐘がなり、人びとが歓呼する」なかを、ロンドンに帰ってきた。

　革命は王政復古に終わった。翌年成立した議会は、国王派が多かったので騎士議会と呼ばれたが、そこに選出された「生まれながらの支配者」たちは、革命の動乱の中で自分たちの生活をかき乱した恐怖と被害を忘れることはできなかった。そこで「ブレダ宣言」の約束をよそに、議会が中心になって復讐の嵐が吹き荒《すさ》ぶことになった。「国王殺し」で生き残っているものは捕らえられ、処刑台に送られた。そのうえ国王処刑の満一二年の記念日には、ウエストミンス

クロムウェルの墓所跡　ウェストミンスター寺院の西側の一隅にある。1658-1661は埋葬されていた期間を示す。

ター寺院のクロムウェルの墓があばかれ、死骸と首はさらしものにされた。そしてピューリタンに対する弾圧を意図した「クラレンドン法典」も議会を通過する。

❖クロムウェル像の変遷

このような時勢の変化を反映して、クロムウェルに対しても、国王殺しの張本人であり、軍隊という暴力を用いた専制支配者と見る「悪人」という評価が一般的になった。革命を「大叛乱」と決めつけて、みずからの体験をもとにその歴史をはじめて書き綴った、王政復古体制の大立物クラレンドン伯の場合が、このようなクロムウェル評価の典型的なものである。さらにこの「悪人」というイメージにはもう一つ別の要素、ピューリタンに対する反感がつけ加わる。のちに『政府二論』を書いて名誉革命と近代市民社会を理論的に基礎づけることになる哲学者ジョン＝ロックは、王政復古のとき二八歳であった。少年時代以降、ロッ

クラレンドン伯
エドワード=ハイド

クのこれまでの生涯は革命という「嵐の中にまきこまれ」たものであった。そのロックはつぎのように書きつけた。「ピューリタンの衝動は、天からの召命、あるいは命令であり、従わねばならないもので、神からの信託なのだから実行においても誤ることはないものだ、と断定されている。私はこれは熱狂であると考える。それは理性にも神の啓示にもとづくものではなく、熱狂的な自負心の強い頭脳のうぬぼれから生まれるものなのだ」。「悪人」と「狂信家」という、クロムウェルのイメージは、そのままつぎの一八世紀に受けつがれる。哲学者ヒュームのクロムウェル像もそうであるし、また小説家スモーレットも、「クロムウェルは、見通すことのできない偽装の盾で、自分の意図を隠していた。かれは極悪非道の罪ともっともきびしい宗教的な義務感とを両立させた。……一言でいうなら、邪悪と徳、卑劣と雅量、馬鹿らしさと良識の、人類の歴史ではもっとも奇妙な混合物である」と書いている。クロムウェルのすべての行動も、おのれの野心をひた隠しにした狂信者の偽善的行為とみなされたのであった。

改めていうまでもないことであるが、クロムウェル像の変遷は、かれが主役を演じた革命に対する評価の変遷をそのまま反映している。一九世紀になると、一七世紀の革命を、折から展開してきた議会改革運動の先駆として評価しなおそうという風潮が生まれてきた。すなわち、この革命はチャールズ一世の専制支配に対して国民の自由と権利を守るために議会を中心に戦われた憲政上の闘争である、という解釈がそれである。それとともに革命における宗教的な対立が強調されて、革命はピューリタニズムとアングリカニズム（国教会主義）といずれがイギリスを支配するかを決定するための戦いであった、とみる「ピューリタン」革命観が誕生する。クロムウェルの宗教的な情熱と政治家としての資質に再評価のきっかけを与えたのは、スコットランド生まれの警世の文人、トマス＝カーライルの『クロムウェルの書簡と演説』（一八四五）であった。「世界の歴史はその根底において英雄の歴史である」とみたカーライルは、神から遣わされたピューリタンの戦士としてのクロムウェルを共感をこめて描きだし、これまでイギリス人の脳裏に焼きつけられていた反逆者・偽善者というクロムウェルのイメージを転換させたのであった。

カーライルの場合には、物質的利害のみを追い求める資本主義の俗物性に対する批判と、チャーティストの運動で代表される民衆の支配への嫌悪が、ピューリタンへの憧れとして現われたのであったが、当時のイギリスは「太陽の没するところをしらない」大帝国を支配し、世界の工場として「すべて世はこともなし」とヴィクトリア朝の繁栄を謳歌していた。まさにク

クロムウェルの銅像

ロムウェルが指導した革命はこのような繁栄の出発点として把握され、クロムウェルのすべての行為も、かのアイルランドにおける蛮行も含めて、このような資本主義社会の繁栄を生むためのやむをえない必要悪であったと肯定され、むしろイギリスの国際的地位を飛躍的に向上させた愛国的行為としての賞讃が浴びせられることになる。このような評価の一つの象徴が、今なおロンドンの議事堂の傍に立っているクロムウェルの銅像である。一八九五年、当時の政治的争点であったアイルランド自治の立場からする反論をおしきって、ときの首相ローズベリの私費で、それは建立されたのであった。

❖歴史のなかのクロムウェル

議会政治と帝国。この二つがクロムウェルを主役とする革命による転換以後の、イギリス史いな世界史の動向を決定づけたものであることは否定できない。しかしながらこの両者に対するクロムウェルのかかわりあいは、これまでみたように、かならずしもこの両者の確立を直接意図したものであったとは、一概にいえない。かれがひきいた「聖者の進軍」を貫く意識は、宗教と世俗政治の一体化の信念であって、「生まれながらの支配者」からなる議会政治の樹立を目指すものではなかった。またヴィクトリア朝において高い評価を受けた侵略的な外交政策も、少なくとも表面に現われた意図の点では、カトリック勢力への敵意と対抗という宗教的な配慮が優位をしめていた。クロムウェルは、その生涯を通じていくたびか重大な時点において動揺をみせながらも、あえて政治的決断を行ない、一つの方向に自ら飛びこんでいった。その決断の次第をみて、ともに戦った人たちの中にも、また後世の歴史家にも、かれを典型的なオポチュニストとみなすものもいる。しかしクロムウェルがたえずぶつかったジレンマは、大きくみれば伝統と革新が正面きって対立しあった一七世紀のイギリスの情勢、より具体的には微妙な変転をみせる政治的な局面が生んだものであった。この緊張のかもし出される中でクロムウェルがあえて行なった政治的決断が寄り集まって一つの方向となり、何世代か後のイギリスに議会政治と帝国を与えることになったのである。

すでに帝国の解体がとめどもなく進行し、また議会政治に対しても深刻な批判の行なわれている今日、朝な夕なにビッグ・ベンの鐘の音を耳にしながら、議事堂の入口に立ち続けるクロムウェルの銅像は、何を考えているのであろうか。

あとがき

一〇年ほど前、私は誠文堂新光社の「歴史の人間像」シリーズの一冊として、『クロムウェル——聖者の進軍』を執筆した。このたびふたたびクロムウェル伝を執筆する機会に恵まれたので、この一〇年ほどの間に内外で進められた研究の成果をできるだけとりいれて、ほぼ全面にわたって書きなおすことができた。しかし与えられた紙数が前著よりも二割以上も少なかったため、必ずしも充分に展開できなかった論点の多かったことを残念に思う。前著が絶版になってからだいぶ月日も経っているし、またわが国においては依然として手頃なクロムウェル伝もないようであるから、本書がそれなりの存在意義を持ちうれば、幸いである。原稿の整理や清書などで那珂邦子さんにたいへんお世話になった。厚くお礼を申しあげる。

一九七二年二月

今井　宏

クロムウェル年譜

●算用数字は月・日をあらわす

西暦	年齢	年譜	関係事件ならびに参考事項
一五九九		4・25 クロムウェル生まれる	(九八) ナント勅令発布
一六〇三	4	エリザベス女王死。ジェームズ一世即位、スチュアート朝始まる	徳川幕府成立
			(一三) ロシア、ロマノフ朝成立
一六	17	クロムウェル、ケムブリッジに入学	
			(一八) 三〇年戦争おこる
二〇	21	クロムウェル結婚。メイフラワー号新大陸に出帆	
二五	26	チャールズ一世即位	
二八	29	3月 チャールズの第三議会召集。クロムウェルはじめて議員となる 5月 「権利の請願」の提出	
二九	30	3月 チャールズ、議会を解散、親政を始める	
三〇	31	ハンティンドンの市政改革問題	ボストン建設される
			(三六) 清の建国
三七	38	ハムデン、船舶税を拒否。プリンに対する刑罰 スコットランドに暴動。「国民盟約」の締結	島原の乱おこる

一六四〇	41	4月　短期議会召集 11月　長期議会召集。ストラフォード、ロードを逮捕 12月　「根こそぎ請願」	（三九）　徳川幕府の鎖国令
四一	42	議会の改革立法あいつぐ（議会の特権承認、不法な課税、特設裁判所の廃止など） 5月　ストラフォードの処刑 10月　アイルランド反乱 11・22　「大抗議文」採択	
四二	43	1・4　五議員逮捕事件 1・10　国王ロンドンを退去 6月　「十九条提案」 8・22　国王ノッティンガムで挙兵（第一次内乱始まる） 10・23　エッジヒルの戦い 11月　国王軍ロンドンに迫る 12月　東部連合軍結成	ガリレイ死
四三	44	5・13　グランサムの戦い 8月　東部連合軍新編成 9月　「厳粛な同盟と契約」	ルイ一四世即位 ニューイングランド植民地連合成立

一六四四	45	10・21 ウィンチビーの戦い 1月 クロムウェル、東部連合軍副司令官となる 7・2 マーストン-ムアの戦い 11〜 議会軍の改革問題おこる	
四五	46	2月 ニュー-モデル軍誕生 4月 「辞退条令」成立 6月 クロムウェル、ニュー-モデル軍副司令官となる 6・14 ネーズビーの戦い	グロティウス死
四六	47	4月 国王スコットランド軍に投降 6月 第一次内乱終わる	
四七	48	3月 議会、軍隊の削減計画を発表。軍隊、アジテーターを選出、組織化が進む 6・4 国王逮捕 8・1 「提案要綱」発表 10・15 平等派「正確にのべられた軍の主張」、同月末「人民協定」を発表 10・28 パトニー会議開かれる 11・11 国王ワイト島に逃亡 11・15 コークブッシュの全軍集会 12・14 「四法案」提出	

一六四八	49	1・3 「交渉打ち切り決議」 4月 第二次内乱始まる 8・17 プレストンの戦い。同月末第二次内乱終わる 11・16 「軍の抗議」発表 12・6 プライドのパージ、ランプ議会成立	フロンドの乱おこる（～五三） ウェストファリア条約。三〇年戦争終わる
四九	50	1・1 庶民院、国王裁判所を設ける 1・27 国王に対する死刑判決 1・30 国王の処刑 3月 王制・貴族院廃止、リルバーンら平等派指導者を逮捕。平等派の反対運動高まる 4月 「ディッガーズ」運動始まる 4～5月 平等派の反乱 5・19 「共和国宣言」 6月 アイルランド遠征始まる 9月 ドローエダの虐殺 10月 ウェックスフォードにおける残虐行為	
五〇	51	6月 スコットランド遠征開始 9・3 ダンバーの戦い	デカルト死
五一	52	8月 チャールズ二世、スコットランドより侵入	

		9・3 ウースターの戦い、戦闘終わる 10月「航海法」制定	
一六五二	53	6月 第一次英蘭戦争始まる（～五四年4月） 8月 軍隊の議会に対する攻撃高まる。「アイルランド植民法」制定	
五三	54	4・20 ランプ議会武力解散 7・4 指名議会召集 12・12 議会解散 12・16「統治章典」成立、クロムウェル、ロード-プロテクターに就任。	フロンドの乱終わる
五四	55	8月 スペイン領西インド諸島攻撃開始 9・3 第一議会開かれる。秋より国王派の反革命の動き	
五五	56	1・22 議会を解散 8月 軍政官制度の実施	
五六	57	9月 第二議会開かれる	
五七	58	2月 クロムウェルに王位提供提案 4月 クロムウェル、この提案を拒否 6月「謙虚な請願と勧告」なり、クロムウェル改めてロード-プロテクターに就任	
五八	59	2・4 第二議会解散	

一六五九		9・3 クロムウェル死ぬ。リチャード、後任としてロード-プロテクターに就任 5月 ロード-プロテクター制度崩壊 12 ランプ議会復活	
六〇		2月 マンク、ロンドンにはいる 4月 「ブレダ宣言」発表 5月 チャールズ二世、ロンドンにかえり王政復古なる	
六一			ルイ一四世親政を始める 清の康熙帝即位
六五		第二次英蘭戦争（〜六七）	
八二			ピョートル大帝即位
八五		2月 チャールズ二世死に、ジェームズ二世即位	
八八		12月 名誉革命	元禄時代（〜一七〇三）

参考文献

『イギリス市民革命史　増補版』　浜林正夫著　未来社　昭46
『近代英国の起源』　越智武臣著　ミネルヴァ書房　昭41
『イギリス革命――思想史的研究』　水田洋編　御茶ノ水書房　昭33
『イギリス革命の思想構造』　浜林正夫著　未来社　昭41
『イギリス革命思想史』　田村秀夫著　創文社　昭36
『イギリス革命の研究』　堀江英一編　青木書店　昭37
『ピューリタン――近代化の精神構造』（中公新書）　大木英夫著　中央公論社　昭43
『イギリス革命』　ヒル著　田村秀夫訳　創文社　昭31
『宗教改革から産業革命へ』　ヒル著　浜林正夫訳　未来社　昭45
『ジェントリの勃興』　トーニー著　浜林正夫訳　未来社　昭32
『民主主義の本質』　リンゼイ著　永岡薫訳　未来社　昭39
『イギリス政治思想Ⅰ』　グーチ著　堀・升味訳　岩波書店　昭27
『イギリス革命（岩波講座世界歴史、近代2）』　今井宏著　岩波書店　昭44
『絶対君主の時代』　今井宏著　河出書房　昭44

●写真出典

Austin Woolrych／Oliver Cromwell, 1964

Christopher Hill／God's Englishman, Oliver Cromwell and English Revolution, 1970

Maurice Ashley／Cromwell's Generals, 1954

Christopher Hill／The Century of Revolution 1603～1714, 1961

Austin Woolrych／Battles of English Civil War, 1961

Christopher Hibbert／Charles I, 1968

さくいん

新《しん》・人《ひと》と歴史《れきし》　拡大版《かくだいばん》　22
クロムウェルとピューリタン革命《かくめい》

定価はカバーに表示

2018年４月20日　　初　版　第１刷発行

著　者　　今井《いまい》　宏《ひろし》
発行者　　野村　久一郎
印刷所　　法規書籍印刷株式会社
発行所　　株式会社　**清水書院**
〒102－0072
東京都千代田区飯田橋3－11－6
電話　03－5213－7151㈹
FAX　03－5213－7160
http://www.shimizushoin.co.jp

カバー・本文基本デザイン／ペニーレイン　　ＤＴＰ／株式会社 新後閑
乱丁・落丁本はお取り替えします。　ISBN978－4－389－44122－7